AF792179

# Pour Freud !

## Le petit livre noir de l'anti-freudisme

Michel Mogniat

# Pour Freud !

## Le petit livre noir de l'anti-freudisme

L'Harmattan

## Ouvrages du même auteur :

L'idéologie freudienne, éd. Edilivre, 2008
Le masochisme sexuel, éd. L'Harmattan, 2009
Théâtre (Antigone, La bonne conscience) éd. Edilivre, 2011
Pour Freud !, éd. L'Harmattan, 2013

Site Web : causepsy.fr

**© L'HARMATTAN, 2013**
**5-7, rue de l'École-Polytechnique, 75005 Paris**

http://www.harmattan.fr
diffusion.harmattan@wanadoo.fr
harmattan1@wanadoo.fr

ISBN : 978-2-343-01865-2
EAN : 9782343018652

*à Florence,*
*...pour ses patientes relectures*

# Introduction

« *Les patients, c'est de la racaille* » Cette confidence de Freud, Ferenczi[1] l'a rapportée dans son *Journal clinique* (1932). A-t-elle été réellement prononcée par Freud ? C'est possible, notons seulement qu'elle a eu lieu sans témoins et que les histoires d'amour entre psychanalystes sont assez sulfureuses. Depuis que la grande battue séculaire pour éradiquer la psychanalyse s'est mise en route, chaque jour les chasseurs patentés du freudisme nous en apprennent de bonnes et de moins bonnes, des vertes et des pas mûres, des vraies et des fausses sur Sigmund Freud et la psychanalyse.

Le Freudien étant considéré comme un animal nuisible il ne semble pas utile, tant aux rabatteurs qu'aux chasseurs, de respecter les règles de la vénerie. La battue tourne au carnage, au massacre, le goût du sang excite les prédateurs aux fusils neufs et à la détente facile :
*Cocaïnomane, menteur, mythomane, escroc, voleur, exploiteur, receleur, capteur d'héritage, fornicateur,* les dénominations ne manquent pas au groupe de chasseurs.
En quelques années, tel Docteur Jekyll et Mister Hyde, Sigmund Freud se transforma en Sigmund Fraude. Le père de la psychanalyse est redécouvert, après quelques décennies d'hagiographie et d'idolâtrie comme un Staline avide de sang et de pouvoir n'écoutant que sa paranoïa, un falsificateur bon à jeter aux poubelles de l'histoire.
Freud n'aurait rien trouvé, aucune de ses thèses n'est à conserver, tout est bidon, tout est falsification et mythomanie ! La psychanalyse est une illusion inventée de toutes pièces par un cerveau dérangé. Freud n'aurait rien dépisté, ni les méandres profonds de la sexualité, ni l'Inconscient, ni les nœuds compliqués de la névrose.

---

[1] S. Ferenczi, Journal clinique, éd. Payot

Certes, il faudrait, comme Œdipe, s'être aveuglé pour ne pas voir les travers monstrueux de la psychanalyse, ses échecs patents, sa mainmise sur la psychiatrie des années quatre-vingts, ses erreurs colossales érigées en idéologie dominante. Son usage du terrorisme intellectuel comme mode de diffusion et d'implantation.
La bêtise est certainement la chose la mieux partagée au monde et le *champ psychanalytique* n'en est pas épargné. On a pu lire un jour, au sujet de Thanatos (*L'instinct de mort, selon Freud*) que la ménagère en train de faire son ménage et tuant les microbes, assouvissait ainsi sa « *pulsion de mort.* » Il y a décidément dans l'univers psychanalytique beaucoup de rebuts, de chutes, de restes...
Le mal est là et il est important. L'ivraie s'est mélangée au bon grain et il y en a tellement que le mieux serait peut-être de jeter la récolte. Mais que mangerons-nous ? À qui serons-nous redevables et de quoi ? De qui dépendra-t-on ?

Face à ce mal absolu qu'est la psychanalyse, on réclame des évaluations quant à ses « résultats ». On veut localiser l'inconscient par IRM. Est-il dans le cortex ? Dans quel lobe se trouve-t-il ? Quelle est sa place dans le cerveau ? Montrez-nous sa structure, quels sont les groupes de neurones qui lui sont dédiés ? Plus la réponse s'avère impossible plus les demandeurs surenchérissent ! L'ineffable est ineffable et reste inénarrable. Il est, sans possibilité d'être saisi. Sitôt dévoilé, l'inconscient n'est plus. « *C'est donc là qu'est l'arnaque !* » Entonnent en chœur les chantres du tout palpable évaluatif, « *Votre truc, c'est de la poésie !* » Y'a'd'ça, pourrait-on répondre, bien que la réponse ne satisfasse personne.

La psychanalyse, vieille dame aujourd'hui centenaire, a eu de nombreux enfants. Elle s'est occupée de millions de gens, qui se sont allongés sur son vieux divan de grand-mère. Si beaucoup ont mal tourné, se sont tués, ont eu leur vie brisée par l'analyse, la grande majorité d'entre eux a continué son chemin, qui, pour pas mal d'entre eux, se serait arrêté sans l'écoute attentionnée de cette vieille dame. Au reste, tous les traitements médicaux ne sont pas sans risques, toutes les opérations chirurgicales ne sont pas des réussites, parfois même le patient en meurt.

Alors, que ne parlent-ils pas ces « guéris » par la grand-mère rebouteuse ? Pourquoi ne se font-ils pas l'avocat de cette *vieille peau* auprès de ses détracteurs ?
Peut-être, parce que ce qu'apporte une analyse est justement de l'ordre de l'ineffable. Au bout d'une psychanalyse il n'y a rien. Mais pour parvenir à ce rien il faut avoir parcouru le chemin qui y mène. Autant demander à un pratiquant du zen ce que lui apporte le zen, la meilleure réponse qu'il pourrait faire serait de dire : rien.

Mais le zen lui, contrairement à la psychanalyse, a les faveurs du monde *savant* occidental. Les études sociologiques, médicales, psychologiques, sur les bienfaits, certainement réels, de la méditation ne manquent pas : plus de 700 000 entrées sur Google ! Les mêmes, qui décrivent la psychanalyse comme une escroquerie, encensent la méditation sans tenir compte de leurs points communs.
Dans une séance de méditation le méditant laisse venir à son esprit toutes les pensées qui se présentent, sans les chasser, mais sans y attacher d'importance. Dans une séance de psychanalyse, on laisse aussi venir à son esprit toutes les pensées qui s'y présentent. Bien sûr, en méditation le sujet est assis, en psychanalyse il est allongé et communique à l'analyste ses pensées, aussi absurdes soient-elles. L'analyste, lui, doit se trouver dans une écoute « flottante » c'est-à-dire ni tout à fait en éveil, ni en sommeil, un peu comme le méditant. L'état de relaxation –pas toujours !- de l'analysant allongé et l'écoute flottante de l'analyste, ne sont, en apparence, pas très éloignées de ce qu'on appelle « zazen ».

Un autre point commun et qui n'est pas des moindres est l'usage de la parole du maître. Dans le zen, le disciple peut-être éveillé par le kong-an. Ce dernier est une courte histoire, absurde la plupart du temps. Par exemple le disciple demande au maître « *-Maître, est-ce que la non-pensée permet l'éveil ?* Et le Maître fait souvent une réponse sans lien apparent avec la question : *-La rivière qui descend la montagne ne sait pas qu'elle descend la montagne.* » Or, il est bien connu que l'analysant ne comprend jamais immédiatement ce que l'analyste lui dit, paroles qui doivent pourtant le conduire à une prise de conscience. Il y a en analyse la parole vraie et la parole pleine et il y a dans le zen la position juste, le geste juste. La méditation comme la psychanalyse ont également en commun la mission de débusquer le réel.

On pourrait bien sûr continuer longtemps à faire des rapprochements et des comparaisons entre zen et psychanalyse, mais ce serait oublier que le zen commence avec la disparition du signifiant alors que la psychanalyse vise l'émergence de ce dernier. Les points communs importants et assez nombreux des deux praxis invitent tout de même à avoir une réflexion similaire : si la psychanalyse est une escroquerie, il y a de fortes chances que le zen en soit une aussi. Qui osera l'écrire ?

Certains, il est vrai, l'ont osé : de mauvaises langues racontent que les riches possédants japonais, voyant la forme splendide, la longévité et le détachement des moines zen décidèrent de leur confier leurs enfants, un peu comme en Occident on les confiait aux jésuites.
Les moines, afin d'occuper cette marmaille de fortunés les assirent face à un mur et leur donnaient le bâton dès qu'ils bougeaient. Mais il paraît que ce sont là les propos d'un sectateur Rinzaï à propos du zen Soto. Une querelle de gongs en somme... comme il y en a beaucoup en psychanalyse. Gageons tout de même que les millions de pratiquants et les millions d'analysés y ont quelque part trouvé leur compte. Si, dans un bilan comptable, le passif n'est pas la partie la plus

prisée, le passé, lui, n'est pas toujours à jeter. Encore faut-il vouloir le regarder sereinement, sans haine ni rancœur. L'instruire autant à charge qu'à décharge. Ce que ne semblent pas toujours faire les nouveaux inquisiteurs du freudisme. Et ces inquisiteurs frappent fort. Les coups donnés ne sont pas des coups de semonce. Chaque ouvrage attaquant la psychanalyse se veut le coup de grâce, l'estocade finale. Chaque année qui s'écoule voit fleurir, à grand renfort de *buzz* son ouvrage et ses articles anti-Freud ou anti-psychanalyse. Tout le monde participe à la battue et chacun se croit autorisé à *servir* l'animal, mais personne ne veut le faire lorsqu'il est encore debout. Mieux vaut d'abord trancher le jarret, un coup d'*andouiller* peut toujours survenir. N'est pas *veneur* qui veut, et si certains invités de la chasse connaissent bien l'œuvre de Freud et développent une critique intéressante, d'autres, ignorants au possible des textes du Maître de Vienne, se croient tout de même autorisés à sonner l'hallali.

La presse en général se fait l'écho de la dispute et pas toujours de façon neutre.

Hier, le freudisme, à la une des magazines, boutait la morale de papa. Aujourd'hui c'est Freud qu'on jette à la poubelle et pas toujours de façon élégante. On s'acharne sur le cadavre comme on s'acharnait jadis sur le cadavre de Dieu ! À croire qu'il représente encore un danger, un obstacle.

Se faire l'avocat de Freud aujourd'hui c'est se faire l'avocat du diable. Mais le diable n'a pas besoin d'avocat, puisque sa plus grande ruse est de nous faire croire qu'il n'existe pas ! Ce n'est donc pas de Freud qu'il faut se faire l'avocat, ni de la psychanalyse d'ailleurs. Freud n'en a pas besoin et la psychanalyse n'en vaut pas toujours la peine. Dans la myriade d'associations d'analystes qui existent, il n'en est pas une qui n'accuse sa voisine de s'être dévoyée, d'avoir faussé le message originel, de mélanger le plomb à l'or. Dans la grande cacophonie des VRP de l'inconscient chacun tient pour vraie sa propre parole.

Plutôt que celle de l'avocat, c'est la robe du procureur qu'il faut enfiler,  pour dénoncer les faux procès, les procès d'intention et les faux témoignages. Les mensonges flagrants, les mensonges par omission et les mensonges ordinaires des accusateurs de Freud et du freudisme.

# Le livre noir de la psychanalyse

Voilà un ouvrage qui a déjà fait couler beaucoup d'encre et continue à en faire couler ; pour peu on en viendrait à faire couler le sang tellement le débat est vif. C'est une bonne chose que ce "Livre noir" existe.[1]
Il n'est pas le travail d'un auteur, mais la collaboration de 40 auteurs différents, sous la direction de Catherine Meyer. C'est un "pavé" de plus de 800 pages, pas toutes d'érudition, loin de là. Certaines montrent une ignorance complète des écrits de Freud et de la psychanalyse. Tout n'est pas à jeter aux orties pour autant, même si parfois la haine de la psychanalyse qu'ont certains des auteurs les pousse à caricaturer la pensée freudienne jusqu'à l'absurde.

Le titre est écrit à la manière d'un "graffiti" sur fond blanc ; au-dessus du nom des collaborateurs figure la phrase suivante :

"*Vivre, penser et aller mieux sans Freud*".

Ce livre est destiné au public français "non érudit" :

"*L'ambition de cet ouvrage, qui rassemble quarante auteurs de dix nationalités, est d'offrir aux non-initiés les éléments d'un débat qui traverse notre époque*" (p.11.)

Catherine Meyer, qui dirige le livre, précise :

*"J'assume seule la responsabilité et la direction de l'ouvrage, mais quatre auteurs ont pris une part décisive à ce livre noir de la psychanalyse"*

Il s'agit de :

---

[1] Le Livre noir de la psychanalyse, éd. Les Arènes

- Mikkel Borch-Jacobsen (danois-français-américain) philosophe et historien.
- Jean Cottraux (français) psychiatre, enseignant et chercheur.
- Didier Pleux (français) psychologue clinicien.
- Jacques Van Rillaer professeur de psychologie.

Si l'on exclut les six témoignages de patients, sur les trente-quatre auteurs qui ont participé à cet ouvrage, quand on a ôté la dizaine d'universitaires ou de cliniciens français, on s'aperçoit que la majorité des auteurs sont anglo-saxons. Les quelques rares auteurs qui ne sont pas américains viennent tous de pays acquis à l'idéologie ultra libérale (Grande Bretagne, Australie etc.). Les auteurs américains, majoritaires dans l'écriture du livre, sont ceux que Catherine Meyer appelle les "*freud scholars*".

On a pu dire de ce livre qu'il était un livre de libraire et non un livre d'auteurs, une opération commerciale. Cela est peut-être vrai. La campagne promotionnelle a été forte et bien menée : nombreux articles dans les quotidiens, débats dans les hebdomadaires, promotion télévisée, des dizaines de sites Internet participent aux débats.

**Un précédent**

En 2002, paraissait un ouvrage, qui ne passa pas tout à fait inaperçu, intitulé «Mensonges freudiens»[1]. Ce livre était une première du genre en France, il diffusait les idées des "*freud scholars*" inaccessibles en français. Il reçut le premier prix de la Société Française d'Histoire de la Médecine (SFHM) à l'unanimité en mars 2003. Sur sa quatrième de couverture "Mensonges freudiens" est présenté comme "Le livre noir du freudisme". Curieusement, il n'est cité par aucun des quarante auteurs du Livre noir de la psychanalyse !

---

[1] Jacques Bénesteau, Mensonges freudiens, éd. Mardaga

Après une rapide vérification de l'abondante bibliographie des "Mensonges freudiens", on s'aperçoit que les éditions Odile Jacob ne sont citées que deux fois dans les 400 pages de l'ouvrage. Les mêmes éditions Odile Jacob sont citées pas moins de quarante fois dans Le livre noir... Catherine Meyer, directrice de l'ouvrage, travaille aux éditions Odile Jacob. Peut-être ne s'agit-il que d'un simple hasard, mais on ne peut en tout cas qu'être très surpris que le livre qui fit connaître en premier les "*freud scholars*" en France soit passé sous silence. Le nom de *Bénesteau* n'apparaît nulle part dans Le livre noir !

On a parfois l'impression en lisant "Le livre noir" qu'il est une redite, un copier-coller de "Mensonges freudiens" : mêmes références américaines, mêmes auteurs cités en grande partie. On n'y apprend rien de nouveau sur la face cachée de l'histoire mouvementée du freudisme, de la révision de la *théorie de la séduction* à la fameuse saignée d'Emma Eckstein en passant par l'usage que faisait Freud de la cocaïne. De L'homme aux loups à l'affaire Hug-Hellmuth, aucun nouvel élément de la face obscure de l'histoire de la psychanalyse qui figure dans "Les mensonges freudiens" n'apparaît dans "Le livre noir".

Il est assez curieux également de constater que les "nouveaux contestataires" de Freud et de la psychanalyse passent allègrement sous silence tout le travail qui a été fait avant eux par ce qu'on pourrait appeler classiquement "*l'école française*". Bien que Catherine Meyer en parle :

*"Pourtant d'autres clairvoyants ont d'emblée perçu l'absurdité ou l'absence de fondement des théories freudiennes, Sartre, Cocteau, Gide, Nabokov, Wittgenstein, Foucault et bien d'autres..."* (p.400.)

Ces propos sont dans la préface du *chapitre* consacré à ceux qui, avant les *freud scholars*, ont critiqué la psychanalyse. Ce chapitre sur les "*clairvoyants*" comporte 12 pages sur une totalité de 800 ! Il est expédié en deux articles... par des auteurs décédés !

L'un d'Alfred Hoche (1865-1943) traduit de l'allemand par M. Borch-Jacobsen, l'autre d'Aldous Huxley (1894-1963) traduit de l'anglais par Agnès Fonbonne. Tous ces *clairvoyants* ne sont pas allés dans leurs critiques aussi loin que l'écrit Catherine Meyer : des gens tels que Wittgenstein, Foucault *et bien d'autres* n'étaient nullement des ennemis acharnés de la psychanalyse comme le sont les *freud scholars*, mais ils en étaient des critiques avisés. Ce qui fait tout de même une petite nuance.

Si l'on pouvait définir cette *école française* qui critiquait déjà la psychanalyse quand certains des auteurs du Livre noir, selon leurs dires, y *croyaient* encore, il faudrait bien sûr y mettre Gilles Deleuze et Félix Guattari (L'anti-Œdipe, éd. De minuit), Luce Irigaray (Spéculum de l'autre femme, éd. De minuit), Robert Castel (Le psychanalysme éd. 10/18) Michel Foucault bien sûr, et tant d'autres, la liste n'est pas exhaustive. Or aucun de ces auteurs n'est cité. Ce n'est pas sans raison ; tous ces *french scholars*, même si beaucoup sont décédés aujourd'hui, n'ont pas forcément de grande sympathie envers l'ultra libéralisme et le comportementalisme d'où nous viennent ces *nouveaux* critiques de la psychanalyse.
Les *clairvoyants* de l'école française dénoncent surtout la collusion de la psychanalyse et du pouvoir, ils analysent sa naissance à l'aube de la grande vague libérale et son inscription dans le capitalisme. Ce que bien sûr ne font pas les *freud scholars*. Une petite exception cependant, Jean Cottraux fait plusieurs fois référence à Sartre. Les écrits de Jean Cottraux sont d'ailleurs les plus modérés de l'ouvrage, la petite touche de raisonnable, voire de sympathie freudienne au milieu des distorsions que subit la théorie du maître de Vienne.

Le débat est passionné et passionnel. Les réponses au Livre noir contiennent autant d'animosité et de distorsions que le Livre lui-même. La première personnalité à monter au créneau fut Elisabeth Roudinesco, historienne de la psychanalyse à laquelle on doit une volumineuse Histoire de la psychanalyse en France (2 volumes) et un portrait sans complaisance de Lacan.[1]

## Promenade dans Le livre noir....

Une critique complète du Livre noir demanderait des dizaines de pages, on y fera donc une petite promenade sans s'arrêter sur les évidences ni sur les auteurs qui n'ont pas pour intention première de *casser du Freud*, même si le ton général du livre dégage un parfum de vendetta. On prendra plaisir à débusquer les plus jolies perles du genre et les enfiler pour en faire un collier à offrir à Psyché....

Il faudra garder présent à l'esprit que les auteurs sont soit des "historiens", soit des personnes *-et c'est très important-* qui se réclament de la *psychologie scientifique*. C'est bien souvent à ce titre qu'ils condamnent la psychanalyse.

## L'exception culturelle...

*"La France est, avec l'Argentine, le pays le plus freudien du monde"*(p.7.)

Voilà la première phrase du livre. La situation de la psychanalyse en France ne fut pas toujours aussi confortable que ce qu'elle était dans les années soixante-dix et qu'elle demeure encore en partie aujourd'hui. Les psychanalystes, en France, mirent longtemps à se regrouper et à créer une Société (1926.) La psychanalyse fut pendant longtemps qualifiée soit de *science boche*, soit de *science juive* ou de *science bourgeoise* selon que la critique venait d'un maurrassien, d'un catholique ou d'un communiste.

Pourquoi la situation actuelle ? Parce qu'il se trouve qu'il y a eu en France un dénommé Jacques Lacan, qui pendant trente années d'enseignement revisita Freud et fit progresser la

---

[1] E. Roudinesco, Histoire de la psychanalyse en France, éd. Fayard
E. Roudinesco, Jacques Lacan, éd. Fayard

psychanalyse. La France est une exception "culturelle" analytique parce qu'il y a eu Lacan. Même s'il fut un pédant parlant un jargon ésotérique, il n'a pas dit et écrit que des bêtises. Sa personnalité était ce qu'elle était, mais ses Écrits et son Séminaire sont ce qu'ils sont : ils restent difficiles à balayer d'un revers de main... si toutefois on prend la peine de les lire, ce que ne semblent pas avoir fait nombre d'auteurs du Livre noir.

**Qui perd gagne...**

*"Je ne parle pas de ce qu'il a écrit en 1925, [Freud] mais de certaines choses qu'il a déclarées en 1905. Ces remarques contredisent clairement ce qu'il avait écrit dans ses articles de 1896. Je suis tout à fait d'accord avec Frank [Cioffi] qu'en 1925, Freud s'était sans doute déjà convaincu lui-même que l'épisode de la théorie de la séduction s'était déroulé d'une certaine façon "* (p.44.)

Heureusement que l'ouvrage s'adresse à des non-initiés ! Il est question ici de la théorie de la séduction de Freud, sur laquelle il est revenu assez rapidement. Le sujet fera retour dans plusieurs articles du Livre noir de la façon suivante : si Freud change de point de vue, c'est que la psychanalyse n'a rien de scientifique. S'il ne change pas de point de vue, c'est qu'il a construit un système fermé, donc non-évolutif et ce n'est pas scientifique.

Il est regrettable aussi que dans un ouvrage destiné au *grand public* français nombre de références des écrits de Freud disponibles en français soient données en édition anglaise, le lecteur intéressé, non familiarisé avec l'anglais ne pourra rien vérifier, est-ce voulu ?

**Chanson populaire....**

*"Ernest Jones présente Freud comme un homme qui s'était rendu très impopulaire parce qu'il parlait de sexualité infantile,*

*mais cela ne correspond absolument pas à ce qui ressort de sa correspondance avec Fleiss. Fleiss acceptait apparemment la sexualité infantile comme allant de soi et il participait sans réticence à toute cette discussion."* (p.51.)

L'ambiguïté du propos tend à faire croire qu'en Autriche, en 1905, le public était favorable aux thèses de Freud ! Comme si "*Les trois essais*" furent accueillis avec enthousiasme ! Freud n'était pas *impopulaire* et ses thèses furent acceptées avec enthousiasme puisqu'il avait UN échange épistolaire avec UN ami ! (Impopulaire : qui déplaît au peuple, lui inspire de la défiance. Petit Robert.)
Ce type de construction grammaticale ambiguë se retrouve tout au long de l'ouvrage, il en est le vecteur et la structure.

**Renversement de la vapeur...**

*"Qu'a fait la psychanalyse à ses débuts, quand elle s'est retrouvée en difficulté, c'est à dire quand elle a été en butte aux critiques croissantes des psychiatres, des psychologues et des biologistes à qui Freud devait tant du point de vue intellectuel ?"* (p.62.)

On peut quand même se demander si ce n'est pas un peu le contraire. Qu'avait la psychiatrie à proposer à cette époque, si ce n'est sa nosographie ? Quant aux *psychologues* du début de la psychanalyse on se demande quelle était l'étendue de leurs connaissances...

**A toute vapeur...**

*"La psychanalyse a peut-être été une science en 1895, peut-être même encore en 1900 ; mais pas à partir de 1915 ou 1920 -c'est à dire à l'époque où elle a fait de l'analyse didactique un élément obligé de la formation psychanalytique- cette discipline ne pouvait plus prétendre être réellement scientifique."* (p.63.)

Autant dire qu'on peut très bien devenir prêtre sans recevoir aucun sacrement ou général sans avoir mis les pieds dans une caserne.... Notons que la question de la "didactique" et celle de la formation des analystes est aussi vieille que la psychanalyse elle-même, ce que ne semble pas savoir l'auteur.

**Choc électrique...**

*"Il [Freud] a prétendu obtenir des résultats profonds et durables alors qu'il savait pertinemment qu'il n'en était rien, en incitant d'innombrables patients à se lancer dans des analyses longues et coûteuses plutôt que de se tourner vers des thérapies moins ambitieuses et peut-être plus efficaces."* (p.79.)

Le lecteur aimerait en savoir un peu plus sur les thérapies dont nous parle l'auteur. On retient avec humour les *innombrables patients* de Freud. En général, les ennemis du freudisme arguent que Freud n'eut que quelques patients ! Quant aux exemples de thérapies efficaces à cette époque : la douche froide, la camisole de force, les coups, et tout à la fin de la vie de Freud, les électrochocs mis au point en 1938.

**Un beau mensonge...**

Il est vrai que Freud -et les psychanalystes- ont souvent fabriqué des *cas* collants à la théorie et la *prouvant*. Un bel exemple est le "*Journal d'une adolescente*" (p.124.) publié à Vienne par Hug-Hellmuth et qui collait comme un gant aux hypothèses freudiennes. Après avoir été porté aux nues par les cercles psychanalytiques, il s'avéra que le livre était un faux inventé pour les besoins de la cause. Les Éditions psychanalytiques mirent tout en œuvre pour récupérer les exemplaires en circulation, et pour cause : le journal relate des faits survenus entre 1903 et 1907, incluant des bulletins scolaires qui n'ont fait leur apparition qu'en 1908. Il est également fait mention de cabine téléphonique, alors que la première en Autriche ne date que de 1908. On y parle d'officiers de forces aériennes alors que le premier avion de chasse ne date que de 1909. C'est aussi grâce à ce genre de perles que "Le livre noir..." tout comme *Mensonges freudiens* méritent d'être lus...

**La théorie zéro...**

Le livre noir se demande :

*"Qu'y-a-t-il de commun entre les théories de Freud et celles de Rank, de Férenczi, de Reich, de Mélanie Klein, de Karen Horney, d'Irme Hermann, de Winnicot, de Bion, de Bowly, de Cohut, de Lacan, de Laplanche, d'André Green, de Slavoj Zizek, de Julia Kristeva, de Juliet Mitchell ?" (p.180.)*

Si on ne peut répondre pour tous, il est possible de donner au Livre noir une réponse satisfaisante pour quelques analystes :

*"À la lecture des divers auteurs issus du freudisme ou s'en réclamant, on se demande s'il existe une "doctrine" freudienne. Chaque auteur qui contribua à l'évolution de la théorie psychanalytique y a emmené son empreinte personnelle. La psychanalyse s'est construite à la manière d'une cathédrale à laquelle chacun apporta la pierre de son inconscient, de son histoire. En découvrant en lui le Complexe d'Œdipe, Freud en fit la dominante structurante du psychisme. Alfred Adler, beaucoup plus jeune que Freud, était un enfant chétif et maladif, cadet d'un frère qu'il jalousa, sa doctrine est axée sur le complexe d'infériorité. Alors qu'il était enfant, Reich dénonça à son père une relation adultérine de sa mère qui se suicida ; dans son œuvre il met en avant la "répression" sexuelle comme facteur étiologique des troubles mentaux. Jung le mystique, fils d'un pasteur protestant et baignant dans un esprit de spiritisme concocta une psychologie des profondeurs dans laquelle le mysticisme et la magie occupent une large place. Mélanie Klein qui avait une mère ultra possessive fonde ses théories sur la mauvaise mère. Les générations de psychanalystes qui suivirent continuèrent la tradition : Didier Anzieu, auteur d'une théorie sur le "Moi-peau" était, tel un oignon, recouvert de plusieurs*

*couches de vêtements par sa mère -le fameux cas Aimée de J.Lacan-. »*[1]

**Zéro au tableau...**

La page 240, sous forme de tableau -*Le tableau n'est pas reproduit ici dans son ensemble*- nous offre un morceau de choix en matière de mauvaise foi caricaturale ou d'incompréhension totale de la psychanalyse ; comme ce tableau est le fruit d'un ex-psychanalyste il y a de quoi s'interroger sérieusement sur ce que l'auteur a pu comprendre de la pensée freudienne. Il se présente sous forme de deux colonnes dont une, la première, est l'expression de termes non-freudiens et dans la seconde les termes sont traduits en *expressions psychanalytiques* :

| EXPRESSIONS NON-FREUDIENNES | EXPRESSIONS PSYCHANALYTIQUES |
|---|---|
| Un extraverti | Un exhibitionniste |
| Louis a imaginé | Louis a fantasmé |
| Interdiction d'un plaisir | Castration |
| Simon aime sa maman | Simon fait son œdipe |
| Simon désobéit à son père | Simon fait son œdipe |
| Envie d'autonomie vis à vis des parents | Nécessité de " tuer " la mère et le père |
| Personne ponctuelle | Obsessionnel |

[1] Michel Mogniat, L'idéologie freudienne, éd. Édilivre

**Mea maxima culpa....**

Il était inévitable que Le livre noir ressorte, parmi les nombreuses "erreurs de la psychanalyse", le cas Osheroff, (p.342) un médecin américain âgé de 42 ans qui fut *détruit* par la "psychanalyse". Le cas est également relaté dans "Mensonges freudiens". Le personnage souffrait de divers troubles et fut traité pendant sept mois dans une clinique. Soumis à des séances de psychanalyse, son cas s'aggrava. À sa sortie il voulut faire un procès à la clinique mais les avocats s'arrangèrent entre eux, le procès n'eut pas lieu. Ce qui est somme toute une histoire américaine banale.

Non seulement l'expression *être soumis à des séances de psychanalyse* vaut son pesant de cacahuètes (le "patient" était-il attaché sur le divan avec des sangles ?) mais il existe en France, dans le milieu analytique, que Le livre noir semble ignorer, un débat sur la psychanalyse en institution : est-ce encore de la *psychanalyse* ?

Par ailleurs il faut tout de même se rappeler que la psychanalyse américaine n'a pas grand chose à voir avec la psychanalyse originaire ou actuelle. Mais le savent-ils ? Freud croyant apporter la peste aux américains -sa célèbre parole à Jung : "*Ils ne se doutent pas que nous venons leur apporter la peste*"- se ravisa quelque temps plus tard, en parlant de la psychanalyse aux USA avec sa non moins célèbre phrase : "*La psychanalyse est devenue la bonne à tout faire de la psychiatrie*". Aux USA, seuls les médecins peuvent pratiquer la psychanalyse ce qui, selon Le livre noir (p. 63.) en fait une "science".

**Zéro en philo....**

*"Nous apprenons tous, parents, éducateurs, psys et enfants (en classe de philo) qu'il existe des stades incontournables du développement psychique : stade oral, anal, œdipien, phallique et la fameuse crise de l'adolescence."* (p.481.)

De quoi attraper des boutons.... d'adolescent ! Si quelqu'un pouvait apporter des précisions aux lecteurs sur ce fameux "*stade œdipien*", nul doute qu'il serait amplement remercié. Qu'un étudiant de première année de psycho se trompe en remettant un devoir sur les stades freudiens semble tout à fait acceptable, mais venant de quelqu'un qui écrit une critique de la psychanalyse cela est tout de même plus sérieux. Que les relecteurs des épreuves aient laissé passer l'erreur cela devient inquiétant sur la culture psychanalytique de ceux qui l'attaquent vertement, *noirement* devrait-on écrire. Quelques pages plus loin l'auteur nous explique ces stades :

*"La phase orale, durant laquelle prédomine la zone buccale, permet de rappeler l'importance de la façon de nourrir, la phase anale, caractérisée par l'apparition des dents, le renforcement de la musculature et la maîtrise des fonctions sphinctériennes, contribue à supprimer les sentiments de honte liés à la défécation... »*

Avant la phase anale, le nourrisson aurait donc des sentiments de honte liés à la défécation ?

*« ...la phase phallique, dominée par le pénis et par le clitoris, déculpabilise les jeux sexuels des enfants. Cela étant qu'est-ce qui nous dit que ces hypothèses sont fondées ? "* (p.483.)

Rien, absolument rien ne fonde ces hypothèses car elles sont fausses, archi fausses, autant que les chemises de l'archiduchesse sont sèches, archi-sèches !

On ne peut que conseiller à l'auteur *-et à ceux qui ont corrigé les épreuves-* de regarder les définitions de ces stades dans un dictionnaire de psychanalyse.

**Appel à témoins….**

A partir de la page 559 une série de témoignages de "*victimes de la psychanalyse*" prend momentanément la place des théoriciens adversaires de la chose. Cette "promenade" dans "Le livre noir..." ne s'y arrêtera donc pas par respect pour les victimes de la psychanalyse *-il y en a-* mais il importe toutefois de noter que la situation analytique classique, c'est à dire l'analysant allongé et l'analyste assis, dérobé au regard de l'analysant, est rarement présente dans ces témoignages. On peut ainsi déverser l'échec de toutes formes de thérapies, en leur collant l'étiquette de "psychanalyse".

**Rêvons un peu...**

Tout un article, écrit par un *grand spécialiste scientifique* est consacré aux rêves avec pour titre "Le modèle freudien des rêves n'est pas plausible". L'auteur y écrit que :

*"La théorie psychanalytique du rêve s'appuie sur l'idée erronée que le système nerveux, faute d'une énergie propre, trouve son énergie dans deux sources non-neuronales : le monde extérieur et les poussées somatiques. Nous savons aujourd'hui que le cerveau produit sa propre énergie et, ce faisant, n'est dépendant ni du monde extérieur ni des poussées somatiques."* (p.644.)

Ainsi donc, le cerveau rêvant n'est pas dépendant du monde extérieur ? Prenons un rêve banal, commun, et extrêmement fréquent :
"Je suis à l'opéra, c'est l'entracte, en me promenant dans les couloirs, j'entends la sonnerie qui indique la fin de l'entracte. Je me réveille soudainement, le réveil vient de sonner." Ce type de rêve est fréquent, qui n'a pas fait de rêve similaire où la réalité (extérieure) vient agencer le contenu du rêve ? Pour les poussées " somatiques " (intérieures) on se contentera de renvoyer l'auteur aux rêves de famine : « J'ai faim, je rêve que je mange ». Ces rêves sont nombreux et font partie, sans exception, du patrimoine nocturne de tout rêveur...

L'auteur en vrai scientifique développe sa propre théorie *scientifique*, incluant des termes tels que "stimuli sensori-moteurs endogènes" ou "d'activation-synthèse" que dans notre ignorance profane, non scientifique, on aimerait bien comprendre pour peu qu'un embryon d'explication nous soit donné. En vain. On ne peut que rester béat d'admiration devant les prouesses que réalise *la science* à réfuter les thèses freudiennes :

*"Et si le but du déguisement était de protéger mon sommeil, je serais obligé de licencier mon censeur, car, m'étant entraîné à interrompre mes rêves dans le but d'augmenter ma collection de récits oniriques, je m'éveillais toujours à la même fréquence, indépendamment du scénario".* (p.646.)

On imagine très bien le rêveur, (électrodes sur la tête qui contrôlent son activité cérébrale) être réveillé à une "certaine fréquence" par une décharge électrique afin d'enrichir son lot de récits oniriques. À moins, qu'en grand maître zen, il parvienne à contrôler son esprit en activité nocturne. Bernard Palissy fait figure d'amateur !

On trouve également des constructions pour le moins bizarres dans ces écrits :

*"...cette force énergétique est de nature neuronale (elle ne provient pas des idées)...."* (p.647.)

On en sait décidément beaucoup plus sur le cerveau que ce qu'on veut bien nous le dire : il n'y a donc pas de processus interactif entre les idées et les neurones ? Comme Lacan a prétendu un jour penser avec ses pieds, rien ne nous étonne. Mais l'illustration étant le propre de la méthode scientifique, l'auteur nous livre un de ses rêves et l'interprète, selon lui, *comme* le ferait un psychanalyste -Il veut bien évidemment tuer son père- car, incontestablement, c'est à peu près tout ce que Freud a dit sur les rêves. Dans le récit l'auteur nous apprend que :

*"Le piano est une réminiscence du grand Steinway que j'avais vu le samedi précédent, à Washington, dans le grand hall de la collection Philipps".*

Inutile de dire que quelques pages auparavant l'auteur a balayé d'un revers de main l'hypothèse freudienne entre "*contenu latent*" et "*contenu manifeste*" du rêve ! Cette réminiscence ne peut donc pas rentrer dans le contenu latent.

L'article se termine par un tableau de trois colonnes sur les questions que pose le processus du rêve. (Ci-dessous -*Le tableau n'est pas reproduit ici dans son ensemble*-).

| **Question** | **Psychanalyse** | **Activation-synthèse** |
| --- | --- | --- |
| Quel est le cheminement du processus de l'information ? | Le compte rendu n'est que le contenu manifeste, dont l'objectif est de masquer la signification véritable du rêve. | A partir du niveau inférieur des signaux neuronaux qui frappent mon esprit et mon conex auditif, j'élabore des sensations qui s'organisent en un ensemble cohérent autour des thèmes : intérêt, Mozart, musée. |

(p.648.)

Avec un peu d'intuition, on déduit de ce vocabulaire scientifique pointu que *l'esprit* se situe à proximité du "conex auditif" (sic !) Cela reste à confirmer par imagerie médicale !

**Les TCC, pourquoi pas ?**

Un fondateur des thérapies cognitives s'exprime dans Le livre noir. Ce dernier pratiquait la psychanalyse avant de créer une méthode personnelle :

*"À cette époque je pratiquais la psychanalyse et la psychothérapie dynamique."* (p.705.)

C'est presque de façon fortuite qu'il mit au point sa méthode en découvrant que :

*"Comme j'évaluais ces pensées rapportées, je pus voir pourquoi elles n'avaient pas été rapportées auparavant. En premier lieu elles avaient tendance à être très fugitives. Ensuite elles se situaient juste sous la frange de la conscience. Enfin elles ne faisaient pas partie des pensées que l'on verbalise à autrui."* (p.706)

Freud ne l'a pas dit autrement... et il mit même un nom sur le phénomène !

À partir de là l'auteur va élaborer une théorie "originale" qui repose sur les pensées négatives et les pensées positives. C'est aussi simple que ça. Bien évidemment, les pensées négatives entraînent des "distorsions négatives", qu'il suffit d'interpréter et de communiquer au patient en lui assignant une "tâche graduée" par exemple :

*"L'assignation "d'un travail à la maison" : lire des polycopiés sur la thérapie cognitive, accomplir des tâches journalières et faire des comptes des pensées dysfonctionnelles."* (p.716.)

Ça doit marcher, puisque pour l'auteur :

*"D'autres applications de la thérapie cognitive ont indiqué qu'elle est efficace non seulement pour la dépression, mais pour*
*-les troubles anxieux généralisés*

*-les troubles paniques*
*-les boulimies*
*-et la dépendance à l'héroïne.*
*Des études préliminaires ont aussi démontré l'efficacité de cette approche dans le traitement des délires chez les patients souffrant de schizophrénie chronique."* (p.718/719.)

Sans être spécialiste, on peut fortement douter qu'un héroïnomane puisse se désaccoutumer en remplissant des fiches et en lisant des polycopiés sur les TCC. Mais la thérapie cognitive peut davantage pour le patient :

*"En rassemblant les rêves, les pensées automatiques et les images visuelles, j'étais capable d'identifier pour un patient particulier la signification spécifique des événements de sa vie."* (p.713.)

Bref, des rêves *-qui pour les neurosciences ne signifient rien-* des pensées et des images. Somme toute, des *matériaux* et une interprétation comme en fait la psychanalyse... C'est un des paradoxes de ce livre qu'un auteur utilise des termes ou des concepts freudiens travestis qui sont rejetés par les autres.

**Les amoureux transis**

Les **TCC** ne s'appliquent pas qu'à l'individu ; des thérapies cognitivo-comportementales peuvent aussi s'appliquer au couple. Pour le démontrer, une dispute de couple est retranscrite :

*"Marie : j'ai invité mes parents à dîner ce soir.*
*Jean : Quoi ? Et tu ne m'en as pas parlé (Jean se sent irrité d'avoir été ignoré dans cette prise de décision) C'est incroyable ! Est-ce que j'ai le droit de donner mon opinion dans cette maison ? (Jean semble généraliser et percevoir cet événement comme habituel).*
*Marie : Tu ne vas quand même pas en faire toute une histoire (Marie perçoit la réaction de Jean comme exagérée). C'est moi*

*qui fais le repas ce soir ; je peux bien inviter qui je veux. Jean : C'est ça. Fais comme si je n'existais pas.*" (p.758.)

En langage ordinaire, Belle-Maman vient dîner et ça contrarie le gendre. Il n'y a rien là de « pathologique », mais en TCC de couple c'est une "séquence d'interaction", exactement comme des rats en laboratoire. Cela n'est pas interprété (le thérapeute est neutre) mais analysé en parole "positive" et parole "négative". Marie aurait dû dire : *"D'accord j'ai fait peut-être une erreur, je vois bien que tu ne te sens pas respecté".* Jean aurait dû dire....etc. Bref, si chacun y met un peu du sien, tout ira pour le mieux, étonnant, non ?

Les rapports dans le couple sont, pour les TCC, soit négatifs soit positifs. Un couple qui entrait en conflit à cause de leur fils (ils ne parlaient que de lui) s'est trouvé nettement mieux après être allé faire une promenade en forêt. Étonnant, non ?

Quand la crise est profonde, il suffit que les conjoints remplissent des grilles "*d'auto-observation de la communication* " pour que les choses s'arrangent. Les TCC de couples conseillent d'apprendre à s'accepter mutuellement, ce qui est tout à fait innovant...
En onze pages de bons conseils mielleux qui tiennent de la préparation religieuse au mariage, le couple est invité à analyser constamment ses sentiments positifs et ses sentiments négatifs, peut-être que cela aide à ce que le courant (alternatif ?) passe mieux… Pas un mot bien sûr sur la sexualité du couple.

**On y vient quand même…**

La "*sexologie clinique scientifique*" fait des miracles :

*" ...c'est pourquoi des traitements sexologiques ont été mis au point qui résolvent définitivement les problèmes sexuels en 5 à 25 séances"* (p.767.)

Cette "sexologie clinique scientifique" est nettement supérieure à la psychanalyse pour résoudre les problèmes sexuels : après huit ans de psychanalyse pour un problème d'éjaculation précoce qui n'était pas résolu, un patient en fut guéri, selon l'auteur, après dix semaines de sexothérapie. (P. 769.) Les couples peuvent également être traités par la sexologie clinique scientifique :

*"Qui en effet pourrait contester le fait qu'un couple qui se dispute continuellement vit une sexualité perturbée ? [...] En effet, à quoi servirait d'améliorer la sexualité des individus ou du couple si l'atmosphère générale est malsaine, conflictuelle ou dysfonctionnelle ? Il est donc sage de référer le couple en conflit à un thérapeute de couple ou à un conseiller conjugal. "* (p.770.)

Il semble qu'il y ait une légère contradiction entre le début des propos et la fin, quelles sont les causes et quels sont les effets ? Passons. Car la sexualité est primordiale, contrairement à ce que pensent les psychanalystes (sic) :

*"Lorsqu'un conflit conjugal est réellement présent, il arrive bien souvent que le couple affirme que tout s'est dégradé à cause de la sexualité. Faut-il rejeter du revers de la main cet argument comme le font certains psychanalystes de couple ?"* (p.771.)

Il faut rapidement mettre hors d'état de nuire les hordes de psychanalystes puritains ! On trouvera, bien sûr, les listes *de psychanalystes de couples* dans tous les annuaires des associations d'analystes ! (re-sic)
La sexologie clinique scientifique a des outils :

*" ...moins fascinants que ceux de la psychanalyse, mais beaucoup plus utiles. Ils se nomment le bon sens, l'observation, la recherche et l'esprit critique."* (p.772.)

Le bons sens n'est peut-être pas un ennemi de la science, mais le scientifique doit se méfier de toute subjectivité et peut-être en premier de son "bon sens". Mais l'auteur utilise des données qui interpellent concernant l'éjaculation précoce : en Occident un homme sur trois est concerné.

*"Notons également que les primates anthropoïdes proches de l'homme éjaculent toujours en moins de dix secondes. Le bon sens nous pousse dès lors à supposer que l'homme a naturellement tendance à éjaculer vite. Ce ne serait donc qu'un raffinement de notre société de loisirs et de plaisir que de vouloir prolonger un acte génétiquement programmé pour être bref."* (p. 774.)

On est en droit, et le "bon sens" ne nous contredira pas, de penser comme le fait l'auteur que la jouissance est une invention. Notons cependant que l'éjaculation précoce est répertoriée au DSM IV avec le numéro 302-75, DSM auquel les TCC font fréquemment référence.
Notons également que la sexologie humaniste traite donc des maux qui ne sont, selon elle, en aucune façon pathologiques puisque cet acte est programmé pour être bref ! À moins que la "*sexologie humaniste*" ne traite les individus afin qu'ils soient semblables à une norme définie, un patient ne fut-il pas guéri de ce *phénomène naturel* en dix semaines ?

Allons plus loin encore, la spécificité de la "jouissance", propre à l'espèce humaine, n'est-elle pas une interrogation majeure de la psychanalyse? N'en constitue-t-elle pas la racine avec ce que Lacan nomme "le désir" et auquel il consacra trente ans d'enseignement ? Les primates anthropoïdes sont peut-être proches de l'homme, ils ne sont pas l'homme qui se différencie d'eux, pour l'instant, par trois inventions majeures : la religion, le langage articulé qui permet la métaphore et l'érotisme.

**Tout le monde descend...**

C'est presque sur un hommage à Freud que se termine l'ouvrage. Se diriger "*vers la fin des idéologies en psychothérapie*" (p.819.) semble effectivement être une nécessité. La psychanalyse, avec la dogmatisation de ses gadgets inutiles (l'universalité de l'Œdipe, la primauté du phallus, la castration etc.) et les énormes bêtises qu'elle a pu proférer du haut de sa suffisance est devenue une dictature de la pensée. Cela n'en fait pas pour autant un savoir sans consistance ni sans effets thérapeutiques.

*"Les données actuelles de la génétique montrent que l'héritabilité ne représente que 40% dans l'origine des troubles psychiatriques, le reste demeure explicable par des processus sociaux, interpersonnels, le développement psychologique individuel et des événements qui surviennent dans la vie de chacun."* (p. 806.)

Quels étaient donc ces chiffres avant que Freud et la psychanalyse ne viennent donner un grand coup de pied dans la fourmilière de l'hérédité-dégénérescence ? Et n'est-ce pas faire dire un peu vite à la génétique ce qu'elle n'a pas (encore) dit, quelle est la certitude de ces 40 %? Le Livre noir promeut les TCC venant droit d'outre Atlantique avec une confiance aveugle dans leurs actions thérapeutiques, mais peut-on penser sérieusement qu'un schizophrène peut guérir en remplissant des grilles d'évaluation et en se fixant sur des "pensées positives" ? Caricaturer la psychanalyse est un jeu d'enfant, la dénoncer comme inutile et dangereuse pour mettre à la place des thérapies dont on ne mesure pas les dérives possibles et les abus que ces dernières peuvent entraîner est plus sérieux et plus grave.

Il faut cependant prendre en compte ces nouvelles approches thérapeutiques sans perdre de vue le contexte idéologique et environnemental d'où elles viennent. Toute approche médicale ou thérapeutique obéit non seulement aux lois des découvertes *scientifiques*, mais également aux facteurs économiques, sociaux et culturels. Or, les TCC ne présentent aucune innovation scientifique, le remplissage de questionnaires associé à la méthode Coué à laquelle on rajoute des sentiments de culpabilité (le penser négatif) ne présente rien de bien scientifique.

Les promoteurs des TCC déplorent que le vocabulaire psychanalytique ait envahi les foules, les mots tels que *transfert, Œdipe, mère castratrice* etc. sont effectivement devenus des termes courants. Ces termes toutefois ne figurent pas dans le DSM. Si ces expressions venues du vocabulaire analytique sont devenues une réalité du langage quotidien, d'autres termes ont pénétré à leur tour ce langage, et ces termes-là figurent au DSM : qui aujourd'hui ne parle pas de TOC ? (Troubles Obsessionnels Compulsifs) et ces termes de psychiatrie passent dans le langage commun quand augmente encore la consommation d'antidépresseurs et que les TCC sont promues. Est-ce un hasard ?

# Le crépuscule d'une idole

L'affabulation freudienne

Pour bien comprendre la démarche de Michel Onfray[1] il faut commencer son livre par la fin, par la bibliographie utilisée et les récents ouvrages qu'il a publiés. Invité, en 2005, à une émission de télé où on lui demandait ce qu'il pensait de l'affaire du Livre noir de la psychanalyse, Michel Onfray, alors défenseur de la psychanalyse avant d'en devenir le pourfendeur, répondit, sans avoir lu le livre que *pareil procédé était ridicule.*
Il a déclaré depuis avoir changé d'avis sur la psychanalyse. Comme il l'écrit dans son livre *Le crépuscule d'une idole*, il ne souhaitait pas publier une hagiographie. Il relut donc pour le faire, la totalité des œuvres de Freud, dans les éditions complètes publiées par les PUF (6000 pages), il le fit entre juin et décembre 2009.
Il lut également les historiens critiques de la psychanalyse, les correspondances et autres lectures indispensables pour effectuer son travail, soit des dizaines de milliers de pages.
En 2009 il publia également quatre ouvrages de philosophie. Depuis qu'il s'est attaché à « revisiter » la psychanalyse, en 2005, le philosophe a publié 27 ouvrages de philosophie, dont *Le crépuscule* est le troisième pour l'année 2010 !
Il faut ajouter à cela plus d'une centaine de CD, dont 12 en 2010. On ne peut que saluer ici une capacité de travail, de lecture et d'écriture hors du commun, une performance d'auteur.

L'ouvrage en lui-même est volumineux, plus de six cents pages. En couverture, le nom de l'auteur apparaît trois fois plus grand que le titre de l'ouvrage et cinq fois plus grand que le sous-titre : « *L'affabulation freudienne* ». Le marketing a été bien étudié, le nom d'Onfray se vend mieux que le nom de Freud. L'ouvrage, et c'est bien regrettable, ne comporte aucune note de

[1] Michel Onfray, Le crépuscule d'une idole, éd. Grasset

bas de page. Même si Onfray, lorsqu'il *fait parler* Freud, cite le volume et la page de l'édition complète de ses œuvres, les sources qu'il utilise sont extraites de la bibliographie de fin d'ouvrage, aucun repère d'auteur sur un fait précis n'est donc possible.

Des écrivains majeurs ayant publié des ouvrages critiques sur la psychanalyse sont exclus. On a l'impression que les exégètes sur le sujet ont été soigneusement sélectionnés par M. Onfray. Aucun analyste, et ils furent nombreux, particulièrement chez les lacaniens, qui ont exercé une critique rigoureuse des écrits de Freud, n'est cité. Michel Onfray doit certainement les connaître et les avoir lus, puisqu'il dit, au début de son ouvrage, avoir suivi des cours de psychanalyse à l'université. Lacan lui-même, le premier *déboulonneur* de Freud est cité à deux ou trois reprises pour être traité *d'histrion* (p.568.)
C'est ainsi que, bien que consacrant un chapitre entier à l'attrait de Freud pour la télépathie et l'occultisme, il passe sous silence l'important travail de François Roustang qui en parle abondamment dans son essai *Elle ne le lâche plus*[1]. Pas plus que n'est cité au chapitre intitulé *Le pénis rabougri des femmes* l'ouvrage de Luce Irigaray[2], qui tire à boulets rouges sur Freud. Le titre du travail de L. Irigaray s'appelle « La tâche aveugle d'un vieux rêve de symétrie ». Tout un programme ! Ce *manque* est-il voulu de la part du philosophe ?

La parution du Crépuscule a fait grand bruit. Tout comme pour Le livre noir, les couvertures des hebdos, les articles dans la presse quotidienne, les passages à la télévision et à la radio, les interviews, les discussions sur les forums, les vidéos sur la toile, les suites ne manquent pas. Michel Onfray, dans un de ces nombreux entretiens, fait savoir que ce n'est pas l'argent qui est visé dans tout ce battage médiatique. Gageons tout de même que le livre sera tiré à des dizaines de milliers d'exemplaires...

---

[1] François Roustang, Elle ne le lâche plus, éd. De minuit
[2] Luce Irigaray, Speculum de l'autre femme, éd. De minuit

Comme pour la sortie du Livre noir, les contradicteurs brillent par leur manque d'arguments, et non par leur absence. Dans les jours qui suivirent la parution de l'ouvrage, on a pu voir dans un débat télévisé, une psychanalyste, sans aucun argument, déclarer que Le crépuscule d'une idole était le tome II du Livre noir de la psychanalyse. Or, s'il est un ouvrage auquel ressemble Le crépuscule d'une idole c'est davantage Les Mensonges freudiens de J. Bénesteau[1], ouvrage d'érudition et de recherches plutôt que Le livre noir qui est un ouvrage de propagande et le summum de l'ignorance de la chose freudienne.
Michel Onfray se réclame davantage du Livre noir que des *Mensonges freudiens*, dont il fait un éloge très mesuré et très restreint. Cela se comprend : Les Mensonges freudiens sont, par leur histoire et leur personnage, « marqués » à droite, alors que le Livre noir échappe, en *première analyse*, à ce genre de classification.
Michel Onfray, beaucoup plus proche par son érudition des Mensonges freudiens que du Livre noir, idéologie « libertaire » oblige, salue donc la sortie de ce dernier, comme un ouvrage qui lui a fait prendre conscience de *l'affabulation freudienne.* Heureusement, il nous montre dans son ouvrage que, contrairement à ses amis « casseurs de Freud », il maîtrise avec plus de justesse les stades freudiens de l'évolution. Hélas pour les thuriféraires de la psychanalyse, ceux qui ont poussé des *cris d'Onfray* à la sortie du Livre noir, aucun ne s'est véritablement livré à une critique raisonnée du Livre noir pas plus qu'ils n'ont apporté d'arguments solides à la critique du Crépuscule, mais se sont contentés, pour la plupart d'entre eux, d'insultes et d'attaques *ad hominem* ou comme le dit Michel Onfray :

*Je découvris dès lors l'hystérique combattant l'historique...* ». (p. 34.)

[1] Jacques Bénesteau, Les mensonges freudiens, éd. Mardaga (op.cité)

Au début, l'ouvrage est très agréable, vers la page 300 la fatigue commence à se faire ressentir. Car si Le Livre noir se termine par un « éloge » à Freud, c'est par un éloge que commence Le crépuscule. M. Onfray, sans économie de mots, raconte tout ce que Freud lui a apporté de salvateur à la lecture des Trois essais...[1] :

« *Freud lavait d'une eau lustrale des années de crasse mentale. Son livre effaçait une souillure. Ces pages abolissaient l'éros nocturne dans lequel nous étions pour la plupart noyés, suffoqués.* » (p.20.)

Trois ouvrages majeurs, écrit-il, ont marqué l'adolescence de M. Onfray : Les trois essais... de Freud, Le Manifeste... de Marx et l'Antéchrist de Nietzche. (p. 16). Bien entendu, dans le crépuscule l'obscurité guette, et les faux pas sont nombreux. Etant prof de philo, Onfray a enseigné pendant vingt ans le freudisme, sous forme de « *cartes postales* », par exemple, carte postale 2 :

« *Le lapsus, l'acte manqué, le mot d'esprit, l'oubli des noms propres, la méprise témoignent d'une psychopathologie par laquelle on accède à l'inconscient* ». (p.29.)

Puis, ayant fait demi-tour, il se construit des contre-cartes postales, contre-carte postale 2 :

« *Les différents accidents de la psychopathologie de la vie quotidienne font effectivement sens, mais aucunement dans la perspective d'un refoulement strictement libidinal et encore moins œdipien* ». (p.38.)

Il ne semble pas qu'il soit stipulé dans la Psychopathologie de la vie quotidienne[2] que tous les actes manqués de la vie

---

[1] S.Freud, Trois essais sur la théorie de la sexualité, éd. Gallimard
[2] S.Freud, Psychopathologie de la vie quotidienne, éd. Payot

quotidienne sont libidineux ou œdipiens...Sauf pour Freud peut-être, car selon Onfray :

« *La psychanalyse est une discipline vraie et juste tant qu'elle concerne Freud et personne d'autre.* » (p.39.)

Par un curieux hasard, l'ouvrage est divisé en cinq parties tout comme les célèbres Cinq psychanalyses[1] sur lesquelles l'auteur se livre à une critique sévère. Onfray dit se livrer à une analyse nietzschéenne de Freud et de son œuvre ; en réalité, c'est à une véritable *psychanalyse freudienne* que se livre Onfray à travers l'œuvre de Freud, sa correspondance, ses rapports à ses parents, à son épouse, à ses enfants. Et cette analyse est plus que solide : elle ondoie à travers le personnage incestueux, le drogué à la cocaïne et au tabac, le paranoïaque avide de reconnaissance et de gloire que fut Freud. Pas un ouvrage du père de la psychanalyse ne passe à travers la grille de lecture psychanalytique du philosophe. Que Freud eût le Complexe d'Œdipe, qu'il le voulût universel ne fait aucun doute. Onfray, mais il n'est pas le premier, le démontre en poussant l'interprétation jusqu'à dire que Freud a écrit Moïse et le monothéisme[2] pour tuer le père des juifs ! Rien de ce qui est œdipien chez Freud ne reste dans l'ombre sous la plume du philosophe se faisant psychanalyste pour l'occasion, et quel brillant analyste ! M. Onfray nous montre qu'il sait utiliser à merveille l'outil que lui a fourni le père de la psychanalyse. La correspondance Freud-Fliess, ce qui n'en a pas été caviardé, est analysée en détail et l'auteur nous livre de véritables petites perles. Emporté par son élan anti-freudien le philosophe dénie parfois tout simplement le réel de la psychologie élémentaire :

« *Le roman familial constitue en effet un excellent concept opératoire...Mais pour Freud uniquement ! [...] Voici la clé de*

---

[1] S.Freud, Cinq psychanalyses, éd. PUF

[2] S.Freud, Moïse et le monothéisme, éd. Gallimard

*l'épistémologie freudienne : l'extrapolation d'une théorie universelle à partir d'une aventure personnelle.* » (p. 124.)

Le roman familial est tout de même une constante facilement vérifiable pour qui veut s'en donner la peine, le sien propre est toujours à portée de quelques pensées. Quelques erreurs de biographie grossières sont présentes et invitent à douter de la documentation à laquelle se réfère M. Onfray ; à la page 140 il fait de Freud un *psychiatre* dépressif, or, Freud n'a jamais été psychiatre, mais neurologue. Un peu plus loin c'est d'un très beau lapsus calami que nous régale le philosophe, au sujet du meurtre du père chez Freud, en commentant un passage de Totem et tabou[1], il écrit :

« *...monopole sexuel du* **mère** *sur les femmes dans la horde primitive....* » (p.217.)

Toujours en commentant Totem et tabou le philosophe demande une preuve de ce meurtre du père primitif (p. 232). Cela paraît effectivement impossible à prouver. À vrai dire Onfray n'innove pas et utilise la dialectique des ennemis séculaires du freudisme : science quand ils veulent l'attaquer dans le champ de la science, philosophie quand ils la dénigrent purement et simplement. La méthode fonctionne bien et a déjà été rodée.
Encore une petite erreur de formulation qui, comme par hasard, concerne encore Œdipe et le fameux complexe qui porte son nom. À la page 236 de son ouvrage, parlant de cet infortuné personnage, le philosophe écrit :

*« ... accomplit l'oracle professé par le fils de Laïos et de Jocaste à l'endroit de sa propre descendance après qu'il eut couché avec sa mère et tué son père [...] »*

Il se trouve qu'Œdipe tua d'abord son père et coucha ensuite avec sa mère. Une façon comme une autre de mettre la charrue

---

[1] S.Freud, Totem et tabou, éd. Payot

avant les bœufs... qui ne sont jamais que des taureaux castrés ! Comme Onfray fait feu de tout bois du moindre lapsus de Freud en lui accordant du sens, on se demande si les siens propres font sens. À la page 462, Onfray parle du Congrès International de Médecine de Londres, en 1913, et le philosophe commet le *lapsus calami* en écrivant Paul Janet le philosophe au lieu de Pierre Janet, le psychologue. Ce qui est cocasse, c'est que M. Onfray signale souvent que Freud appartenait à une famille dans laquelle les générations s'interfèrent, situation potentielle de désirs *incestueux*, et il confond le neveu et l'oncle ! On peut dès lors lui appliquer le célèbre jeu de mots de Lacan : « Pierre épaule qui ? »

Après le crépuscule vient la nuit et dans l'obscurité totale on ne peut marcher qu'à tâtons :

« *On peut faire dire à Freud une chose et son contraire* » ou bien « *Une lecture attentive de l'œuvre complète met au jour nombre de contradictions.* » (p.256.)

Il en est ainsi de tous les penseurs et de leurs ouvrages, philosophes ou moralistes. M. Onfray semble dépassé par la dialectique qu'il sait pourtant très bien utiliser.
Mais bien souvent, avant que ne se déchaînent les démons nocturnes, il arrive que la nuit porte conseil. Si M. Onfray, dans son ouvrage, reproche à Freud de ne jamais donner une définition claire de l'Inconscient, le philosophe va s'en charger et d'une merveilleuse façon. Ni dans l'œuvre de Freud ni dans celle de Lacan ne figurent meilleures définitions de l'inconscient que celles qu'en donne Michel Onfray :

« *Ce sont des souvenirs sans images, des mémoires sans formes, des forces d'une certaine manière, mais des forces sans quantités mesurables, des puissantes agissantes, des affects actifs sur le terrain pulsionnel...* » (p.317.)

Comment mieux résumer cette « étrange familiarité » qu'est l'inconscient ?

« *Voici donc un étrange paradoxe : pour détourner une image bien connue, l'inconscient semble être un cercle dont le centre est partout et la circonférence nulle part ; [...] il résiste aux mots et seules les allégories optiques, les métaphores spatiales, les images algorithmiques laissent entendre que peut-être, on pourrait en approcher un peu l'ombre...* » (p.322.)

Après les dernières lueurs du crépuscule qui ont jeté leurs lumières chétives, le noir se fait plus dense et comme l'écrit l'auteur du Traité d'athéologie :

« *La psychanalyse se fait compagnon de route du Diable sous le soleil noir de ce Dieu-là.* » (p.323.)

Le *diable freudien* est parmi nous ! Il faut donc exorciser le démon et pour cela tous les moyens sont bons, qu'importe la mauvaise foi si c'est pour la bonne cause :

« *Mesurons avec effroi combien l'obsession du meurtre du Père génère chez Freud des prises de positions extravagantes, délirantes, incompréhensibles, antisémites même...* » (p.233.)

*Moïse et le monothéisme*[1] est pour le philosophe une œuvre antisémite, ce qui fait de Freud un antisémite, même si Onfray n'oublie pas d'écrire que Freud s'inscrivit en 1897 à la loge B'nai B'rith. (p.179). Comme il aimait à le dire souvent de lui, Freud était un *juif infidèle*. Mais l'auteur du Traité d'athéologie semble s'étonner que Freud fut un ...laïque ! Il lui en fait le reproche :

« *...Freud interdit la circoncision de ses fils, la fréquentation de la synagogue, l'éducation religieuse, la pratique familiale, la dévotion privée à sa femme. Au 19, Bergasse, Noël se fête dans la famille avec un sapin et des bougies, Pâques avec des œufs peints.* » (p.179.)

---

[1] S. Freud, Moïse et le monothéisme, éd. Gallimard (op.cité)

Cette laïcité est-elle normale de la part de quelqu'un qui s'est toujours dit athée ? Pas du tout ! Selon l'interprétation de M. Onfray, c'est là un des *symptômes œdipiens* de Freud en réaction à son père qui lui a offert une bible paraphée ! Mais athée et laïque n'est pas suffisant pour le philosophe ; que Freud abandonne en quelque sorte sa judéité, soit, mais alors, selon Onfray, cet abandon devrait être teinté de la mystique catholique de la rédemption :

« *L'épisode de la cocaïne montre bien que, loin de publier des mises au point, de diffuser des regrets, de rédiger des aveux, de confesser des errances ou d'avouer des erreurs, il préfère effacer les traces....* » (p. 300.)

Freud n'a rien *confessé*, rien *avoué*, il n'a pas fait amende honorable dans une confession publique, vêtu de bure et couvert de cendres comme il aurait dû le faire ! Le philosophe se tient très au courant de la *mode médiatique* : la demande de pardon, à genoux de préférence, est à nouveau rentrée dans les mœurs. Que Freud bouge l'oreille gauche ou l'oreille droite, il a toujours tort ! Et son tort principal, aux yeux d'Onfray, est celui d'avoir été un homme de son époque et de son temps, d'être resté un petit bourgeois à la morale bourgeoise, voulant être un *honnête homme* comme on le disait alors. Grande déception qui va causer à Onfray une aigreur sans limite et alimenter ses rancœurs interminables, car Freud :

« *... ne parle pas de la nécessité de faciliter et de libéraliser le divorce, il n'invite pas à une vie sexuelle libre, il ne célèbre pas le libertinage, encore moins la révolution sexuelle, il ne déconseille pas le mariage, il ne fustige pas la famille en invitant à ne pas en fonder, il donne une recette vieille comme le monde : le bon vieil adultère des familles....* » (p. 162.)

Voilà le portrait du monstre ! Freud avait le grand tort de ne pas être anarcho-libertaire comme l'aurait voulu Onfray en père idéal, mais juste un libéral aux tendances socialisantes qui pratiquait le bon vieil adultère des familles ! Marx, en bon bourgeois avait engrossé sa bonne et Freud conseille le cocufiage ! Devant tant de comportements bassement petits bourgeois de ses héros d'adolescence, Onfray abandonne Freud et Marx. C'est vers W. Reich, le freudo-marxisme et la Révolution sexuelle qu'il va se tourner dans ses futurs travaux, fait-il savoir. Demandons-lui tout de même de prendre en compte dans ses opus à venir que Reich dénonça à son père une relation adultère de sa mère et que cette dernière se suicida. Reich, et il y avait de quoi, axa toute sa doctrine sur la *répression de la sexualité* comme étiologie des névroses. Après la droite, Freud le « bourgeois réac » bouge-t-il l'oreille gauche ? Il a tort mais Onfray est honnête, d'ailleurs il le dit lui-même !

« *L'honnêteté oblige à signaler qu'en 1897, Freud signe la pétition du sexologue allemand Magnus Hirschfeld appelant à abroger un article du code pénal allemand qui réprimait l'homosexualité masculine. De même, en 1905, les trois essais sur la théorie sexuelle affirment clairement : « les invertis ne sont pas des dégénérés.* » (p.513.)

Notons qu'en 1897 et en 1905, il fallait un sacré courage pour soutenir pareils propos et que Freud n'était pas au sommet de sa gloire. Ça ne fait rien, si Freud signe courageusement cette pétition, il est homophobe de toutes façons, Onfray va lui inventer une *homophobie ontologique* (sic !)

Mais puisque nous n'en sommes pas à une contradiction près, un grand reproche que fait également Onfray à Freud, c'est la découverte du flou entre le normal et le pathologique :

« *Freud n'aura de cesse de le marteler : « On a reconnu de façon générale que les différences entre les individus normaux et les névrosés sont de nature quantitative et non qualitative (Minutes IV 59) ». Dès lors, en vertu de cette dangereuse révolution nihiliste opérée par Freud et les siens qui s'acharnent à détruire la différence entre le normal et le pathologique...* » (p.461.)

Il y a là effectivement une véritable révolution *nihiliste* : où donc allons-nous si les « malades » et les « gens normaux » ont la même essence, la même nature psychique ?
Il semblerait que le philosophe ait là, soit une arrière pensée réactionnaire très prononcée dont il ne semble guère percevoir la portée, soit il a lu un peu trop rapidement la citation de Freud qui stipule bien qu'il y a une différence et qu'elle est de nature quantitative. Qu'y-a-t-il de *nihiliste* à cela ? Peut-on vraiment appeler *nihiliste* une doctrine qui s'oppose à la *théorie de la dégénérescence* qui était alors la théorie *officielle* de la santé mentale ? Cette théorie dynamique du psychique ne fut-elle pas une véritable révolution ? Pas pour M. Onfray assurément.... Freud découvre-t-il que l'hystérie peut aussi être masculine ? Ce n'est pas pour Onfray une révolution tendant à infirmer définitivement l'origine organiciste de l'hystérie ! Quand le 15 octobre 1886, Freud explique devant un parterre de médecins viennois l'existence de cette hystérie masculine il reçoit un accueil des plus glacé. Pas selon M. Onfray :

« *On l'a vu, l'accueil de son exposé ne fut pas une réprobation unanime, il y eu même* ***un*** *neurologue pour acquiescer [...]* ***un*** *autre déclara n'avoir rien entendu là qui fut nouveau [...]* ***un troisième et un quatrième*** *penchaient pour une étiologie traumatique neuronale...* » (p. 304.)

Donc, quatre personnes sur un parterre de médecins, ne rejettent pas son intervention. Cela suffit pour ne pas en faire une *réprobation unanime* ! Quoi qu'on en dise, et même si cette nouvelle *théorisation* de l'hystérie opérée par Freud, ne fut pas l'objet, selon Michel Onfray d'une réprobation unanime, c'est tout de même un pas en avant, et non des moindres qui vient d'être effectué.

Certes, il y a beaucoup à dire sur cette théorisation d'une possibilité d'hystérie masculine et la face cachée qu'elle comporte. C'est en 1895 que parurent les célèbres « Etudes sur l'hystérie de Freud et Breuer », en 1896 Freud utilise pour la première fois le terme de psychanalyse. Hystérie et psychanalyse sont donc intimement liées. C'est à partir de l'hystérie que va naître l'idéologie freudienne. La ligne directrice de cette idéologie sera le phallus, sa cible favorite sera la femme. Il est vrai que la sexualité de la femme demeure, pour reprendre les termes de Freud, "le continent noir de la psychanalyse." Comme ce continent noir demeure inconnu, le discours de la psychanalyse s'articulera sur le phallocentrisme. La psychanalyse est née au moment où la production industrielle était à son apogée et où tous les pouvoirs, politiques, judiciaires, administratifs, financiers et médicaux étaient aux mains des hommes. Le mode d'expression du pouvoir de ces pays à forte industrialisation, qu'ils soient régentés par la monarchie ou la république était un mode d'expression patriarcal.

La femme, dans la majorité des pays industriels était véritablement tenue en tutelle par les pères ou les maris. Elle n'avait accès ni au vote ni à la candidature. Le savoir, à de rares exceptions près ne lui était pas accessible. En dehors de la littérature où elle était chantée pour les qualités de l'éternel féminin, la femme était généralement tenue dans le mépris le plus total. Différente de l'homme par son anatomie, ce dernier la différencia dans la maladie ; ce qui demeure somme toute logique en ce qui concerne certaines maladies organiques. Mais plus loin encore, dans le domaine de la pathologie mentale, la femme déraisonne d'avantage que l'homme, cette déraison n'est pas la démence, elle est un glissement à l'intérieur même de la raison, si chère à la pensée du dix-neuvième siècle. L'âme de la femme est plus faible, plus encline à la mélancolie, plus exposée *aux vapeurs*. Ce n'est pas un hasard si s'affrontent au début du XIX° siècle deux écoles de pensée sur l'origine de l'hystérie, une sur l'organogenèse et l'autre sur la psychogenèse de la maladie, alors que depuis l'Antiquité, l'hystérie était, comme son nom l'indique (utérus, du grec *hustera*), une maladie de la femme. L'utérus était considéré comme le *siège* de l'hystérie. Vers la fin de ce XIX° siècle un fait majeur se produira et servira de point de départ à la psychanalyse. Ce fait particulier, ce terreau fertilisant de la théorie analytique, c'est la rencontre avec l'hystérique. Avec la publication des "Études sur l'hystérie" la conception d'une origine organique de la maladie a vécu. La femme n'a plus cette particularité pathologique qui la distingue des hommes par sa constitution *matricielle*. Ce "plus" maladif qui était une particularité du corps féminin puisera désormais sa source dans le psychisme et non dans le corps. Ce *plus* identitaire, par la théorie du refoulement va disparaître au profit d'un *moins*, d'un manque. Ce manque, bien évidemment sera celui du pénis. Tout se passe comme si en supprimant l'hystérie comme une particularité *organique* de la femme on avait supprimé l'utérus qui doit être remplacé par le phallus.

Là où la *psychiatrie* a ôté la cause organique, la chirurgie se chargera, par une pratique pas toujours justifiée et souvent abusive, d'ôter l'organe lui-même.[1]

Bien entendu, le philosophe attaque la pensée psychanalytique en la traitant de pensée magique ; la métaphore, l'analogie, la symbolique, tout ce qui sert à la psychanalyse, tout ce sur quoi elle repose et a construit son édifice est une pensée... magique !

« *La pensée symbolique est l'autre façon de nommer la pensée magique.* » (p.372.)

---

[1] Selon l'Institut Canadien d'Information sur la Santé, le taux comparé d'hystérectomies entre la Suède et les USA pour les femmes de plus de trente-cinq ans varie du simple au double : 0,20 pour cent en Suède et 0,55 aux USA. Le revenu moyen par habitant et le taux de médicalisation à un niveau national étant relativement identiques, le facteur épidémiologique ne peut faire intervenir qu'une pratique "intensive" sur les populations ignorantes et à faibles revenus, plus présentes aux USA qu'en Suède. Il n'a pas été possible d'obtenir des chiffres pour la France.

C'est imparable ! Dans le monde d'Onfray il n'existe ni prise mâle ni prise femelle, les métaphores ne veulent rien dire, l'expression *au seuil de ma vie* ne signifie rien, pas plus que de dire que *la boulangère a de belles miches* signifie qu'elle a une poitrine avantageuse. C'est tout de même curieux que M. Onfray qui use et abuse de l'interprétation freudienne et de sa méthode analogique entre l'œuvre de Freud et sa vie pour nous démontrer que Freud souffrait du complexe d'Œdipe, rejette ce mode d'interprétation quand il sert la psychanalyse. Il est vrai que M. Onfray fait de Freud un philosophe idéaliste et non matérialiste, puisque, écrit-il :

«*... où donc se trouvent les atomes de son inconscient psychique ?* » (p. 310.)

Si ce n'est pas du Grünbaum, ça y ressemble, aucun atome de l'inconscient freudien n'a encore été observé en laboratoire..... ni au cours d'IRM, donc l'inconscient freudien n'existe pas ! Hélas cette pensée magique est très puissante, c'est une très grande magie, puisque la psychanalyse, selon M. Onfray est responsable de nombreux maux modernes :

« *La psychanalyse accompagna le désinvestissement politique et l'investissement nouveau de l'égo [...] la fin de la révolution politique comme actualité imminente [...] le triomphe du pompidolisme, la domination de la marchandise, le libéralisme sans opposition digne de ce nom...* » (p.568.)

La liste est bien sûr non exhaustive, le virus H1N1 découvert après Freud n'y figure pas, mais tout comme *le triomphe du pompidolisme*, la psychanalyse doit en être responsable...

Un autre grief que manifeste Onfray par rapport à Freud concerne le patient connu sous les initiales J.v.T ; ce qu'aurait fait Freud à ce patient en utilisant un « psychrophore » est relaté plusieurs fois dans le livre, Onfray l'utilise comme un leitmotiv et y revient souvent comme pour en faire une illustration de la *barbarie* de la psychanalyse :

« ... *C'est un sondage de l'urètre avec un cathéter creux dans lequel circule de l'eau froide... Voilà donc, en 1910, les soins auxquels l'inventeur de la psychanalyse théoriquement parachevée destine un malade souffrant d'une « dépression mélancolique » dont la pathologie la plus grave consiste à se masturber souvent.* » (p.265.)

Le cas de J.v.T. est cité dans Les Mensonges freudiens, mais sans plus de détails. Binswanger dirigeait alors l'Hôpital Bellevue, J.v.T. était en cure chez Freud qui l'envoya chez Binswanger à plusieurs reprises pour des séjours. Notons au passage que la pathologie de J.v.T. est un peu plus complexe que ce que nous en dit Onfray. Se promène-t-on là dans les fantasmes sadomasochistes des analystes et de leurs patients ou devant un soin demandé ? *-soin qui fut réalisé en institution-* Il fut appliqué par des psychiatres et non en cabinet par Freud lui-même. Le patient était consentant et le soin ne fut pas un acte forcé :

« *Là-dessus se produisit l'aveu de l'onanisme quotidien avec des fantaisies homosexuelles, dont il attend les conséquences les plus effroyables [...] je lui ai promis aussi une cure par sonde (ou psychrophore) pour calmer son onanisme [...]* »[1]
(Lettre de Freud à Binswanger 26 F, 9 avril 1910)

"...*Au début il s'opposait au traitement au psychrophore, et nous n'avons pas essayé de l'influencer.*"
(Lettre 28 M . 18 avril 1910, de A Maeder à Freud)

"*En sport et en travail manuel, il est encore assez maladroit et infantile. Il subit le traitement psychrophorique sans difficulté et comme il le prétend, avec succès.*"
(Lettre 30 M 12 mai 1910, de Maeder à Freud)

[1] Correspondance Freud Binswanger 1908-1938, éd. Calmann-Lévy

"*Nous avons employé la sonde jusqu'à ce matin ; hormis la première fois, il ne s'y est jamais opposé, la considérant au contraire comme une arme utile.*"
(Lettre 31 M, 2 juin 1910, de Maeder à Freud)

Enfin, *the last but no the least*, on ne saurait terminer sans le reproche majeur que fait Onfray à Freud concernant la dédicace d'un de ses ouvrages à Mussolini. En 1933, un analyste italien, Edoardo Weiss, rend visite à Freud. Cet analyste est accompagné d'une patiente et de son père. Le père, ami personnel de Mussolini, demande à Freud de lui dédicacer un ouvrage pour le dictateur. Que dit Onfray de la situation ?

« *Freud a soixante-dix-sept ans et une réputation internationale. Il peut dire non ; il dit oui.* » (p. 524.)

La scène s'est passée en 1933 à Vienne. Pas en 2010 en Normandie. Le contexte s'en trouve quelque peu modifié. D'autant que Freud dédicaça au père l'ouvrage « Pourquoi la guerre ? » Weiss était alors le seul psychanalyste italien, donc un grand espoir pour la création d'une société italienne de psychanalyse. Ce qu'il fit en refondant en 1932 la Sociéta Psichoanalitica Italiana. Freud pouvait-il compromettre l'avenir de la psychanalyse en Italie ? S'il n'avait pas dédicacé ce livre, aurait-il pu écrire à Jones le 02 mars 1937 :

« *...Hélas, le seul protecteur que nous ayons eu jusqu'à présent, Mussolini, semble laisser les mains libres à l'Allemagne.* »

M. Onfray, comme tous les autres auteurs anti freudiens nous assène que la psychanalyse n'a jamais guéri personne, mais la vérité lui échappe entre les lignes, à plusieurs reprises dans cet *inter-dit* de la guérison :

« *Il sollicite une autre cliente, la Baronne Ferstel, elle intervient rapidement auprès du ministre en faveur du « médecin qui l'avait guérie ».* » (p.308.)

Notons que la personne entreprend une démarche peu commune : en 1897, le Comité des Habilitations avait donné son accord pour que Freud soit intégré dans le corps des professeurs extraordinaires, le ministre refusa. Une autre patiente de Freud essaya aussi, mais sans succès, *-tout le monde n'a pas le titre de baronne-*. Deux femmes, à qui la psychanalyse avait tout de même bien apporté quelque chose, se sont *mouillées* pour Freud... mais pas que des femmes :

« *En 1919, le don substantiel d'Anton Von Freund (un riche brasseur désireux de remercier Freud qui l'avait débarrassé de troubles névrotiques après un cancer dont il mourra quelques mois plus tard...) permis la création d'une maison d'édition...* » (p. 560.)

Le désir de dénoncer la *propaganda analytica* est si prégnant que l'auteur en oublie que la psychanalyse *ne soigne pas* ! Et si le personnage est mort d'un cancer, c'est *après* avoir été débarrassé de ses troubles névrotiques.

Il est évident que répondre au livre de Michel Onfray demanderait...un autre livre ! Les erreurs, les à-peu-près et les non-sens abondent dans cet ouvrage. On ne peut pas reprocher au philosophe sa volonté de faire savoir, mais sa précipitation et un peu de mauvaise foi.

Pour sa défense on dira que la lecture, en si peu de temps, n'a pu se faire que de façon rapide. Mais Michel Onfray doit tout de même bien savoir que lorsqu'on lit en diagonale on comprend de travers....

En conclusion, ce livre s'inscrit dans la série des livres anti-freudiens devenus très à la mode. Leur utilité est incontestable. Quand les psychanalystes critiquent la psychanalyse cela fait le bruit d'une balle en mousse qui rebondit sur un édredon, les écrits sont parfois trop fins, souvent trop allégeants à tel ou tel clan, ou trop idéologiques pour toucher le grand public.

La question est donc la suivante : pourquoi des ouvrages comme Le livre noir ou Le Crépuscule arrivent-ils à toucher le grand public ?
La réponse tient en deux parties ; la première est le marketing et le bruit fait autour de ces ouvrages par les hebdomadaires, c'est dans les instances de rédaction que les choses se mettent en place, la deuxième est qu'il y a un ras-le-bol général du grand public qui ne supporte plus la présence continue et dictatoriale des *psy* de tous poils sur l'ensemble des médias. Ces *psy*, qui se disent ouvertement et sont souvent psychanalystes se posent en moralistes au service de l'idéologie du consensus mou et bien-pensant. Cela entraine bien évidemment un ras-le-bol du public parfaitement justifié.

Quant à la structure de ces livres anti freudiens, la technique est toujours la même qu'il s'agisse des Mensonges freudiens, du Livre noir ou du Crépuscule : répéter inlassablement les mêmes erreurs de Freud en les présentant toujours comme des nouveautés, attaquer surtout le Freud des années 1890-1905 là où se trouvent le plus de *ratages*. Ensuite ne pas s'éloigner de la construction suivante :

-Freud était un malade avide de pouvoir et d'argent.
-La psychanalyse est du pur délire issu de la pensée magique.
-Personne n'a jamais été guéri par la psychanalyse.

Ces livres sont des aubaines pour les non lecteurs de Freud et leur donnent l'illusion d'avoir acquis ainsi une littérature psychanalytique à bon prix en se dispensant d'heures de lecture fastidieuse. Peu leur importent les erreurs, les bévues, les non-dits et les contresens auxquels se livrent les auteurs de ces ouvrages ; ils ne les connaissent pas !

## Les patients de Freud

Il n'y a pas, chez les critiques de Freud, que des écrits plus ou moins épistémologiques exigeant que la psychanalyse, en tant que science humaine, se calque sur les sciences physiques. Nombre de critiques se sont intéressés, en tant qu'historiens, à Freud lui-même. Personnage public et historique, les biographies différentes de celles effectuées par le clan des proches sont tout à fait légitimes. D'autant que ses biographes *officiels* ont souvent fait de Freud une sorte de surhomme, voire un saint à canoniser d'urgence, si cela avait été possible. Certains historiens de la psychanalyse ont eu le bonheur de s'intéresser également aux patients de Freud en fouillant un peu plus loin que des personnalités telle Anna O. ou l'Homme aux rats. C'est le cas de Mikkel Borch Jacobsen[1], philosophe et historien de la psychanalyse, dont le travail de recherche est important. En repli de quatrième de couverture de son ouvrage, figure une photo de l'auteur, c'est un très beau jeune homme à l'air sain et décontracté. Mikkel Borch-Jacobsen est *l'imago* du gendre idéal dont rêvent les bourgeoises prévoyantes et avisées. Car non seulement il est beau, mais il n'aime pas Sigmund Freud qui voyait du sexe partout et était un homme malhonnête.

L'ouvrage trace 31 portraits de patients de Freud ; Mikkel Borch-Jacobsen nous prévient, mais de la part d'un des auteurs du *Livre noir de la psychanalyse* on s'en doutait un peu, ce n'est pas du tout une apologie de Freud qui nous est présentée avec ses patients. La série de portraits commence par celui de Bertha Pappenheim, alias Anna O. et ils s'établissent pour la majorité d'entre eux sur la période du début de la psychanalyse. La plupart des patients sont des patientes (vingt sur trente et un)

---

[1] Les patients de Freud, Mikkel Borch-Jacobsen, éd. Sciences Humaines.

et elles viennent quasiment toutes de la haute bourgeoisie juive de Vienne. La documentation est abondante et si l'auteur cite ses sources, elles ne sont, hélas, pas toujours accessibles aux lecteurs ordinaires.

L'anti-freudisme porte en lui une certaine saveur, beaucoup de psychanalystes en sont d'ailleurs friands. Mais la mauvaise foi des « *freud scholars* » enlève souvent du parfum à la chose, à cette *inquiétante étrangeté*. C'est ainsi que, traçant le portrait d'Albert Hirst, (page 123.) Mikkel Borch Jacobsen fait dire à ce dernier :

« *Plus tard Hirst devait considérer que cette thérapie avait été trop brève et qu'elle ne lui avait fait aucun bien.* »

Alors que quatre pages plus loin, citant l'*autobiographie* du même Hirst, l'auteur écrit :

« *Hirst estimait qu'il avait eu une bonne vie. Il en était reconnaissant à Dieu, à l'Amérique et à Freud.* »

On aimerait comprendre et avoir quelques pistes pour savoir *qui* ou que croire : l'auteur traçant le portrait de Hirst ou Hirst lui-même ? Surtout que peu avant, au portrait d'Anna Von Vest (page 94) Mikkel Borch Jacobsen a écrit :

« *En mai 1903, elle décida d'aller à Vienne pour y consulter Freud. Elle avait quarante et un an et cela faisait bientôt deux décennies qu'elle était invalide. On dut la porter du train à son hôtel où Freud vint la voir. Une semaine plus tard elle pouvait déjà aller à pied à son cabinet. La semaine suivante elle commença à aller au théâtre.* »

On aimerait bien avoir un peu plus d'explications sur cette guérison miraculeuse. Car tout de même, il est difficile d'attribuer ici une mise en scène de Freud à des fins apologétiques pour lui-même ou la psychanalyse. À défaut de diagnostic ou d'explications à cet acte thaumaturge, Mikkel Borch Jacobsen, fait savoir aussitôt après au lecteur que :

« *Dans la journée elle était sur le divan de Freud, à raison de cinquante couronnes l'heure (une somme très élevée pour l'époque)* »

Il faudra se contenter de cette explication financière qui n'est, apparemment, pas vraiment implicite à la guérison d'Anna Von Vest. Le prix que demandait Freud était donc exorbitant. Rien ne doit figurer à son actif dans la balance du procès que lui fait Mikkel Borch-Jacobsen. À Lourdes, sortir en une semaine de vingt ans d'invalidité, cela s'appelle un miracle et le Bureau des Constatations Médicales est d'une extrême rigueur en ce qui concerne les guérisons miraculeuses. Ici l'auteur nous dit que la rencontre avec Freud permit à son analysante de retrouver sa mobilité. La causalité et le devenir d'Anna sont relatés dans la suite de la mini biographie. Elle rechuta, guérit de nouveau, fut ruinée *-pas par Freud mais par la guerre-*. Elle vécut jusqu'en 1935 et déclara à la fin de sa vie qu'elle *devait au professeur Freud d'avoir encore eu trente années en bonne santé.* (p.98.)

D'une manière générale, les courtes biographies vont jusqu'à la mort du patient, et sans que cela soit écrit explicitement, on a la *sensation* pesante que Freud, mort parfois bien avant eux, est responsable des rechutes ou des maladies développées ultérieurement par ses analysants. Ce que jamais on ne reprocherait à un médecin ordinaire.
À signaler ainsi avec force répétitions les rechutes développées après la cure, on se demande si Mikkel Borch-Jacobsen ne croit pas à une psychanalyse toute puissante, garantie au risque *zéro rechute* et appliquée par un praticien omnipotent et infaillible.

Il y a quand même un bon dessert dans ce repas où on mange du Freud en entrée et en plat de *résistance* : les courtes biographies de maîtresses ou de femmes d'analystes. MBJ nous introduit dans l'intimité *–s'il en reste-* de ce milieu analytique ou

l'analyste est parfois un loup pour l'analysant, où se succèdent à un rythme effréné divorces, remariages, suicides, conseils stupides mais non désintéressés...
Bref le train-train quotidien du « *qui couche avec qui ?* ». En somme rien de nouveau sous le soleil de la psychanalyse.

Mais qui mieux que personne peut parler de l'ouvrage, sinon l'auteur lui-même ? Ce qu'il fait dans l'entretien qu'il a accordé au site de son éditeur :

« ... *Personnellement, je n'ai pas fait d'analyse. Je laisse cela aux gens qui ont un tempérament plus faustien...* »

Bien sur, il serait facile d'user de l'argument dont userait tout freudien : « L'auteur n'a pas fait d'analyse donc il ne sait pas de quoi il parle ! » Aujourd'hui nous n'en sommes plus là... mais tout de même, peut-on écrire une histoire du football sans avoir jamais mis les pieds dans un stade ?

## Les Fondements de la psychanalyse

Depuis les années quatre-vingts il ne s'en passe pas une sans qu'un ouvrage remettant en question la psychanalyse n'occupe les rayonnages des librairies. Les périodiques ne sont pas en reste et nous promettent régulièrement la "fin" de la psychanalyse. Jusqu'aux années quatre-vingts, le rayon psychanalyse des librairies occupait une place de choix ; aujourd'hui, quand il existe encore, il occupe le bas d'une étagère.
Il est vrai qu'à cette époque n'importe qui, écrivant n'importe quel ouvrage dégageant des fragrances œdipiennes avec l'estampille *psychanalyse* était publié à des milliers d'exemplaires. Aujourd'hui, après l'effondrement du communisme c'est l'anti-freudisme qui fait recette. Cette lame de fond anti-psychanalyse est-elle justifiée ? En grande partie hélas oui. La psychologie d'inspiration psychanalytique a opéré une mainmise et un long règne sur la santé mentale.
Il faut bien dire, à sa défense, qu'elle a occupé un terrain désert. La psychanalyse a dynamisé la psychiatrie, qui, jusqu'en 1967 (premiers antidépresseurs), n'avait comme outil thérapeutique à offrir à ses patients que sa... nosographie ! La découverte de nouvelles molécules en 1990 (prozac, deroxat etc.) et leurs mises sur le marché ne sont pas étrangères à cette révolution anti-freudienne, du moins arrivent-elles en même temps, curiosité chronologique...

La littérature antipsychanalytique, en général, ne donne pas dans le détail : tous les coups sont permis, surtout les bas. Freud est toujours présenté comme un individu sinistre, un tricheur méprisant ses patients et ne pensant qu'à s'enrichir. Ce n'est pas tout à fait faux. Freud, qui se voulait un *honnête homme* n'a pas toujours été tout à fait honnête. De là à ne voir que mensonges et falsifications dans son œuvre il n'y a qu'un pas que certains franchissent allégrement sans avoir jamais lu une ligne de son travail.

Ce n'est pas le cas d'Adolf Grünbaum, philosophe et psychiatre, et qui dans son ouvrage[1] cite abondamment Freud dans la S.E. (Standard Edition, les œuvres complètes de Freud en anglais) en indiquant les correspondances françaises.

L'ouvrage est volumineux (plus de 400 pages), il parut pour la première fois aux U.S.A. en 1984 et a été traduit en français en 1996. Son architecture est déconcertante ; Grünbaum se propose d'étudier les "*fondements*" de la psychanalyse et commence à débattre des positions philosophiques de Habermas et de Paul Ricœur en regard du travail de Karl Popper sur la *réfutabilité* de la psychanalyse. Cette assommante querelle d'exégètes s'étend sur ...140 pages mal écrites ! C'est une véritable *poppérisation* de la philosophie. La suite est moins rébarbative, mais l'écriture reste rigide, sans charme, sèche et souvent embrouillée avec une impression de déjà vu.

Grünbaum est le témoin privilégié de la psychanalyse américaine, pays qui n'accueillit pas la doctrine freudienne avec le même engouement que l'Europe. Si en Europe, et surtout en France, la psychanalyse toucha d'abord les artistes et les intellectuels qui lui donnèrent une expansion culturelle inattendue, elle fut et resta aux U.S.A. une affaire médico-médicale. Si dans la vieille Europe le mouvement *dada* et les surréalistes allaient donner à la psychanalyse sa dimension philosophique et publique qui influencera toutes les sciences humaines, elle deviendra aux U.S.A., selon le mot de Freud *la bonne à tout faire de la psychiatrie*.
En Europe sous l'influence des intellectuels et particulièrement en France sous celle de Jacques Lacan la découverte freudienne sera sans cesse renouvelée, interrogée, controversée et contestée. Les schismes, les cassures, les reniements seront nombreux, personne ne parviendra à s'accorder sur cette nouvelle ontologie.

---

[1] Adolf Grünbaum, Les fondements de la psychanalyse, éditions P.U.F.

Les attaques contre la psychanalyse seront violentes, passionnées et très souvent censurées par *le lobby analytique* qui a placé ses pions dans le monde de l'édition. Malgré cela, la psychanalyse sera examinée sous toutes ses coutures : économiques, historiques, politiques et idéologiques, cette critique restera toutefois dans un milieu intellectuel confiné.

Grünbaum s'en tient donc, dans son essai, à cette psychanalyse amputée de son évolution européenne. On ne peut pas lui en faire grief, puisque son intention était de faire le procès des *fondements* de la psychanalyse. Mais son travail déborde amplement le cadre de l'analyse des fondements puisqu'il extrapole sur les critères de "réfutabilité" y consacrant plus du quart de son ouvrage, dont un chapitre entier à Paul Ricœur en ne citant le nom de Lacan qu'une seule fois. Sans être un *lacanolâtre* inconditionnel, on peut trouver curieux cette omission.
Le philosophe Paul Ricœur était un lecteur de Lacan et un critique assidu de la psychanalyse. Il semble par ailleurs que Grünbaum ne prenne pas beaucoup en compte l'évolution de Freud lui-même. Bien qu'il cite très honnêtement des articles de la Standard Edition s'échelonnant tout au long de la vie et de l'œuvre de Freud, aucune allusion n'est faite dans ses ouvrages à la seconde topique freudienne ni à l'instinct de mort, ce qui n'est quand même pas un détail.
Les matériaux principaux sur lesquels s'appuie Grünbaum sont les écrits de Freud et Breuer sur l'hystérie et les premiers écrits en solo de Freud. Il est vrai que ce sont ces écrits-là qui établirent les *fondements* de la psychanalyse. En fait, de par la sélectivité des matériaux, la partie critique et originale de l'essai est assez décevante. Grünbaum effectue son analyse sur la première vision qu'avait Freud du psychisme avec une méthode scientifique. Il tente de mettre à mal la conception scientiste de l'appareil psychique du Freud des années 1900. Car c'est à cette vieille conception physiologique du psychisme, et uniquement à celle-là, que s'attaque Grünbaum : à cet appareil psychique qu'inventa Freud. Comme il existe un appareil respiratoire ou

digestif, le cerveau se devait d'être le siège d'un *appareil psychique*.

Concernant les lapsus et actes manqués, le cas principal analysé par Grünbaum est le célèbre oubli du mot "aliquis" qui figure dans un vers latin de Virgile. Cet oubli fut commis par un jeune homme que Freud rencontra dans un train[1]. Freud demande au jeune homme de faire des associations sur le mot *aliquis* et parvient à démontrer à ce dernier que l'oubli de ce mot particulier tient à la peur qu'a le jeune homme que son amie ne soit enceinte de ses œuvres. Comme le démontre aisément Grünbaum, il n'y avait là aucun *refoulement* d'idée inconsciente mais un souci constant en arrière plan qui favorisa l'oubli. Grünbaum passe ensuite en revue les différentes théories non psychanalytiques de l'explication des lapsus et oublis. Effectivement ces théories sont à prendre en compte, tous les oublis et erreurs de langage ne sont pas la conséquence d'un "refoulement" et leurs causes sont plus ou moins bien cernées dans les analyses citées par Grünbaum. Mais comme l'indique Freud, cité par Grünbaum :

*"D'autre part, les influences tonales, les ressemblances verbales, les associations habituelles que présentent les mots ont également, il faut le reconnaître une certaine importance. Tous ces facteurs facilitent le lapsus en lui indiquant la voie qu'il peut suivre. Mais suffit-il que j'ai un chemin devant moi pour qu'il soit entendu que je le suivrai ? Il faut encore un mobile pour m'y décider, il faut une force pour m'y pousser."*

Le raisonnement de Freud se tient. Mais c'est voir grand que d'envisager des "refoulements" dans chaque manifestation de la vie quotidienne. En 1901, date de la publication de la Psychopathologie de la vie quotidienne Freud, s'il n'en fit pas un axiome, ne s'en priva pas. Hélas, depuis, ce point de vue a

---

[1] Psychopathologie de la vie quotidienne, pages 15 et 16, édition Payot

pris une grande ampleur et aujourd'hui le moindre lapsus est considéré comme *révélateur*. Grünbaum cite un autre exemple tiré de la *Psychopathologie de la vie quotidienne* où la cause du lapsus ne peut être un refoulement :

*" En ce qui concerne les organes génitaux de la femme, on a, malgré de nombreuses tentations (Versuchungen)...Pardon, malgré de nombreuses tentatives (Versuche... ) [...] il est patent [...] que l'intérêt érotique était un motif possible de son usage d'un terme sexuellement orienté au lieu du terme neutre phonétiquement similaire qu'il s'était attendu à énoncer"* [1]

Il en est des lapsus et oublis de mots comme il en est des rêves : Freud trouva quelque chose et voulu en déduire une généralité, il voulut établir *une loi mécanique* pour la *physiologie* d'un *appareil* psychique. L'heure et l'avenir étaient à la science, il fallait inventer une *science* de l'âme qui soit visible, structurée, indéniable. L'orgueil et la renommée firent le reste. Cette utopie de la *science de l'âme* est d'ailleurs reprise aujourd'hui par les neurosciences qui tentent d'expliquer que l'inconscient n'existe pas, que tout est affaire de synapses, de neurones et de connexions en isolant le sujet de son contexte et en occultant son histoire.

Si l'oubli *d'aliquis* concentre l'étude des lapsus et oublis, *L'injection faite à Irma* constitue dans *Les fondements de la psychanalyse* les matériaux principaux du rêve. Selon Grünbaum (p.334) le rêve de *L'injection faite à Irma* est celui qui a suscité la plus vaste littérature analytique sur les rêves. Il cite en référence les travaux de *Grinstein* (1980) et ceux d'*Erikso*n (1954) en omettant que *Lacan* en parla très longuement dans son séminaire en 1955 et que ce travail fut publié en 1977, date à laquelle Grünbaum, selon ses dires, commença à *étudier les lettres de créance de la psychanalyse !* Il est évident que l'isolationnisme culturel américain n'est pas

---

[1] Les fondements...p.299. Psychopatho...p.88/89

étranger à cet état de chose, mais est-il excusable ? Grünbaum essaie dans son travail de mettre à bas la théorie de Freud selon laquelle le rêve a deux fonctions majeures pour le dormeur : protéger son sommeil et réaliser un désir refoulé. Il faut lui rendre justice, il parvient quelquefois, malgré sa limitation en matériaux sur une courte période, à atteindre une véritable objectivité par rapport au travail de Freud.

En ce qui concerne le rêve et son origine, il n'adhère pas à la thèse de *Mc Carley* et *Hobson* de l'activation synthèse (1977) car il tient compte du travail, plus récent, du physiologiste du sommeil *Vogel* (1978) qui donne la réplique à Hobson et Mc Carley, ce qui n'empêcha pas Hobson de maintenir ses thèses sur le sujet en 2005 en participant au *Livre noir de la psychanalyse.*[1] Peu importe, pour le sujet qui nous intéresse, la dispute de savants parlant du sommeil en données *scientifiques* et pourtant contradictoires ; tenons-nous en au rêve proprement dit et à ses fonctions.
La première fonction du rêve, selon Freud, est d'assurer le sommeil au dormeur. Grünbaum ne semble pas convaincu de l'hypothèse freudienne en ce qui concerne le *contenu latent* des rêves ; pour lui, l'affaire est plus complexe : si le rêve est l'expression d'un *contenu refoulé*, il ne peut pas y avoir de *contenu latent*, puisqu'en bonne logique mécaniste le *contenu latent* intrinsèquement lié au refoulé doit aussi être refoulé ! (p.329). C'est confondre là le retour du refoulé, manifesté dans le rêve, avec les *restes diurnes* qui ont justement, selon Freud, permis l'apparition du rêve *symptôme*. Pour faire plus simple l'hypothèse de Freud selon laquelle le *contenu manifeste* (le rêve lui-même) est presque toujours redevable à un événement de la veille est pourtant facilement vérifiable : n'importe qui peut en faire l'expérience en s'équipant d'un crayon, d'un papier, d'un minimum de capacité à l'introspection et d'un brin d'honnêteté.

---

[1] Éditions Les Arènes (op.cité)

Certes la théorie freudienne des rêves est incomplète. Freud posa à tort l'axiome indiquant que tous les rêves sont la réalisation d'un désir, sa conception mécaniste du psychisme au début du XX° siècle l'a induit en erreur et c'est avec raison que Grünbaum s'y attaque.
Freud contrairement à Jung ne classifie pas les rêves en catégories. Si certains rêves sont banals et réalisent le désir du dormeur en protégeant son sommeil (*j'ai faim, je rêve que je mange !*) d'autres ont peut-être des origines plus complexes, moins immédiates et ils concernent peut-être davantage le psychisme profond du rêveur. Mais d'autres rêves ne doivent peut-être leur existence qu'à un *désordre neuronique*, à une anarchie physiologique sans intérêt pour la psychologie. Mais, Freud, malgré son entêtement doctrinaire, reconnaissait en 1933 que sa théorie contenait une faille majeure, les rêves traumatiques :

*"Quel désir pourrait bien être satisfait en revenant de cette manière répétitive à cette expérience traumatique excessivement éprouvante ? [... ] Selon nos hypothèses sur la fonction des rêves cela ne devrait pas arriver. [... ] Nous ne devons pas craindre d'avouer, que dans ce cas, la fonction du rêve fait défaillance."*

Selon le Freud du début du XX° siècle, l'étiologie des névroses s'appuie sur le refoulement du désir ou de son idéation et également sur le refoulement du trauma. Sa première élaboration théorique *thérapeutique* était la suivante : en supprimant le refoulement qui est la cause du symptôme, on supprime la cause de la névrose qui disparaît d'elle-même. Le refoulement est supprimé par la prise de conscience du contenu refoulé, et ce, à l'aide de la libre association. Par la suite, la psychanalyse et Freud lui-même ont élaboré d'autres concepts, sans jamais, il est vrai, abandonner totalement ce schéma et en ne le résolvant pas.

Cette conservation des premières formulations jamais récusées a permis aux adversaires de la psychanalyse de l'attaquer de toutes parts. On peut alors dire avec Grünbaum que les fondements de la psychanalyse sont faux ou biaisés. Mais la méthode qu'utilise Grünbaum n'est-elle pas elle-même biaisée ? Il recourt à la méthode *scientifique* pour contrer la psychanalyse. Par exemple, en ce qui concerne la paranoïa, il discrédite la thèse de Freud en mettant en avant une logique empruntée à la sociologie. Pour Freud, l'origine de la paranoïa trouverait sa source dans le refoulement du désir homosexuel qui serait la conséquence de la paranoïa. Freud développe cette thèse dans l'analyse du Président Scherber[1]. Grünbaum s'élève contre cette hypothèse en mettant en avant que l'homosexualité étant aujourd'hui plus affichée qu'au temps de Freud, on devrait, si la thèse de Freud était valide, voir une diminution nette de la psychose paranoïaque. Or, ce n'est pas le cas. Partant de là, il invalide la thèse freudienne du refoulement homosexuel comme cause de la paranoïa. Mais si l'on emprunte à la sociologie ses outils, il ne faut en négliger aucun : l'usage du cannabis s'étant extrêmement répandu depuis Freud, il est aisé d'avancer que l'usage intensif du chanvre indien dans la population n'a pas non plus augmenté le nombre de paranoïaques. La liaison entre les tendances paranoïaques et l'usage du cannabis est facilement vérifiable : tous les fumeurs de "joints" peuvent l'attester ! Dans sa tentative pour contrer la thèse freudienne, Grünbaum utilise la méthode scientifique. Pour lui, le traumatisme (T) additionné de refoulement (R) égale névrose (N). Ce qui donne l'équation suivante : T+R = N. Mais le psychisme ne fonctionne pas comme ça. Le psychisme humain n'est pas reproductible en laboratoire. Même si un certain Jacques Lacan, usa et abusa de l'algèbre pour fonder une *science* de l'inconscient, les états de conscience et la conscience demeurent primordiaux dans une approche de la théorie de la personnalité. Non, décidément la psychanalyse n'est pas mesurable à l'aune de l'expérimentation scientifique et Grünbaum a tout à fait raison de mettre en avant

[1] Freud, Cinq psychanalyses, éd. PUF.

le facteur subjectif de la psychanalyse, sa critique reste même très modérée quant à son mode de fonctionnement. Elle se situe sur le plan purement épistémologique. Oui, on peut alors dire avec Grünbaum que les fondements de la psychanalyse sont faux ou biaisés. Mais on peut également dire à Grünbaum qu'en Europe nous le savions depuis longtemps et que d'importants travaux ont été menés là-dessus.
On reste tout de même étonné que ces vieux arguments revêtus d'un costume neuf soient présentés comme une grande nouveauté intellectuelle ; quand on sait qu'en France les pires attaques contre la psychanalyse sont venues des freudiens eux-mêmes et bien avant l'arrivée des nouvelles molécules. La psychanalyse, en France, relève du domaine public, de la Culture. Certes, cela ne simplifie pas toujours les choses et on entend aujourd'hui nombre d'avis divergents émis par des personnes différentes, parler avec autorité de la chose devant des micros tendus. C'est tout aussi amusant ou navrant que de lire des spécialistes de l'épistémologie écrire sur la psychanalyse en ignorant totalement qu'elle est un phénomène mondial.

Après *Les fondements de la psychanalyse*, Adolf Grünbaum publia un ouvrage intitulé La psychanalyse à l'épreuve,[1] qui est une suite de l'ouvrage précédent. En une bonne centaine de pages Adolf Grünbaum y poursuit son travail de critique épistémologique de la psychanalyse en citant... Grünbaum quasiment à chaque page !
Dans cet ouvrage, il revient abondamment sur le débat Habermas/Popper. Les références à Freud, comme dans son premier ouvrage, se limitent surtout aux tout débuts de la psychanalyse, lors de la collaboration Freud/Breuer. Le transfert, aspect majeur de la cure y est à peine abordé et occupe deux pages, la psychanalyse dont il est question ici est bien sûr une psychanalyse en blouse blanche, la psychanalyse médicale de l'Ego psychologie. Et cette psychanalyse est davantage mise

[1] Adolf Grumbaüm, La psychanalyse à l'épreuve, éditions L'éclat.

à l'épreuve, à l'aune des sciences physiques, que dans son premier ouvrage.

Répliquant à l'un de ses critiques, Grünbaum nous enchante par sa naïveté ou sa mauvaise foi, par en tout cas son incompréhension totale de l'analyse :

"*Mais Peter Rundnytsky est resté imperméable à ces raisons ; il écrit en effet : "le fait que Grünbaum puisse supposer que l'histoire d'une particule soit comparable à celle d'un être humain atteste sa complète incompréhension de l'idée centrale de l'herméneutique depuis Dilthey [...] Peut-être Grünbaum pourrait-il mettre la particule sur le divan et lui demander de lui raconter son histoire*" (p.46.)

L'étonnement du lecteur va crescendo au fur et à mesure qu'il avance dans l'ouvrage. On y apprend, en s'accrochant quand même un peu au fauteuil, que l'on peut faire des *tests de psychanalyse* en laboratoire :

"*Jusqu'à maintenant, je n'ai pas mentionné les résultats obtenus par les présentes tentatives de tester expérimentalement certaines parties de la théorie psychanalytique. Ces tests de psychanalyse faits en laboratoire sont analysés dans un livre du psychologue anglais pro-freudien Paul Kline*" (p.80.)

Et ces tests, dont on aimerait bien connaître la *teneur* et le *protocole* donnent des résultats plus ou moins probants :

"*Jusqu'à maintenant, les données obtenues en laboratoire n'apportent pas de confirmation significative aux hypothèses majeures de la théorie ou de la thérapie psychanalytique.*" (p.81)

Comment obtenir en laboratoire des *données concernant la thérapie analytique* reste une énigme à laquelle peu d'analystes sont capables de répondre. Naturellement on se garde bien de dire de quelles données il s'agit. Mais le fin du fin reste la suite de ces propos à la même page. Selon Freud, la pathogénèse de la paranoïa serait liée au refoulement de l'homosexualité :

*L'expérimentateur Harold Zamansky (1958) a essayé de tester cette hypothèse étiologique (Grünbaum 1986). [...] « Quoique la présente expérimentation ait mis en évidence un degré d'homosexualité [refoulée] plus élevé chez les hommes souffrant de délire paranoïde que les individus non-paranoïdes, ces résultats ne nous disent rien du rôle que joue l'homosexualité dans le développement de ces délires »*

Là non plus, rien n'est dit sur les *méthodes* qui ont permis de tester l'hypothèse étiologique de la paranoïa qui vient contrer la simple hypothèse freudienne. Un degré d'homosexualité *refoulé*, c'est tout un programme ! Avec quel appareil mesure-t-on ce degré d'homosexualité » ? *-qui de plus est refoulé, donc inconnu–* en angle d'érection du sujet ?
Ou s'il s'agit d'un désir de sodomie, par la taille de l'objet désiré ? Y-a-t-il une *variable*, un pourcentage de degré d'homosexualité ? 30 %, 56% ? « J'ai envie de faire une fellation à un partenaire, mais je ne sais pas à quel *pourcentage* de refoulement ou de non refoulement » s'interroge le sujet ?

Notons encore que les individus n'ayant pas de délire paranoïde, selon la citation de Grünbaum, ont tout de même un degré d'homosexualité refoulé (donc tout aussi inconnu !) Et c'est ainsi qu'Adolf Grünbaum réduit à néant la psychanalyse freudienne !

# Impostures intellectuelles

Le mieux à faire pour présenter Impostures intellectuelles[1] est de laisser parler la quatrième de couverture :

"*Au printemps 1996, une revue américaine fort respectée - Social text- publiait un article au titre étrange : " Transgresser les frontières : vers une herméneutique transformative de la gravitation quantique. " Son auteur, Alan Sokal, étayait ses divagations par des citations d'intellectuels célèbres français et américains. Peu après il révélait qu'il s'agissait d'une parodie.*

Ces propos ont besoin d'un bémol : comme il est écrit dans l'introduction de l'ouvrage, *Social Text* est une revue *culturelle* américaine, cette revue culturelle, à l'époque n'avait pas de comité de lecture *scientifique* et faisait confiance aux auteurs qui lui soumettaient leurs textes.
Or, Alan Sokal, est professeur de physique à l'Université de New York et il présenta son travail aux éditeurs sous sa propre identité. Il est évident que le prestige et la renommée du personnage ne pouvaient qu'inciter la revue à une publication. Ce texte, au titre aussi ronflant qu'interrogateur, mélange le vrai au faux. Les nombreuses références scientifiques, selon Sokal, y sont toutes exactes, toujours selon Sokal, le piège peut être décelé par un étudiant de première année en physique. Encore faut-il avoir accompli cette année d'étude, ce qui n'est pas forcément le cas pour les décideurs de publication de revues littéraires ou culturelles.
De plus, le texte est proprement illisible en lui-même : 219 références bibliographiques, 109 longues notes de bas de page pour un texte de 21 pages *hors notes*. On ne peut avoir là qu'un galimatias incompréhensible pour qui ne possède pas un

---

[1] Alan Sokal et Jean Bricmont Impostures intellectuelles, éd. Odile jacob

*minimum* de bagage scientifique ! Et ce bagage ne doit pas être léger : de la mécanique quantique à la théorie de la relativité, sans omettre les philosophes modernes. Le lecteur lambda, non scientifique, tiquera sur deux ou trois passages vraiment trop tirés par les cheveux, par exemple lorsque Sokal parle de la réforme des études scientifiques :

"*L'enseignement de la science et des mathématiques doit être purgé de ses caractéristiques autoritaires et élitistes, et le contenu de ses sujets doit être enrichi par l'incorporation des aperçus dus aux critiques féministes, homosexuelles, multiculturelles et écologiques.*"

Encore que ce type de propos puisse très bien échapper au décideur de publication, surtout s'il est influencé par le prestige de la personnalité de l'auteur.
Ce qui demeure curieux, c'est que *le jour même* de la publication de *Transgresser les frontières....* Sokal a annoncé dans une autre revue *Lingua Franca* que l'article était un canular.
Pourquoi n'a-t-il pas laissé prendre la "mayonnaise" sous un faux nom ? Quel est le sens de tout cela, pourquoi mouiller soi-même le pétard qu'on prétend faire exploser ?
Donner à publier un canular à une revue *tendance* sans lecteur scientifique et en abondant dans sa coloration idéologique, Sokal ne pouvait qu'être certain de sa publication. Pourquoi a-t-il alors révélé aussitôt que c'était un canular ? Mystère ! À moins que cette publication ne soit que le coup de semonce d'une bataille aux visées plus lointaines mûrement réfléchies...

De cette véritable *imposture* naquit le livre *Impostures intellectuelles* publié en collaboration avec Jean Bricmont, professeur de physique théorique à Louvain.

Il faut savoir que si des auteurs américains sont cités dans le canular de Sokal, la critique des *Impostures intellectuelles* ne s'exerce que sur des *philosophes* français (Lacan, Kristeva, Irigaray, Latour, Baudrillard, Deleuze etc.…) Ces philosophes sont appelés par les auteurs, pour des raisons de commodité, des *postmodernistes* qui se caractérisent par "*...le rejet de la tradition rationaliste des Lumières*" (page 11) ; ils se caractérisent également par :

«*... des élaborations théoriques indépendantes de tout test empirique, et par un relativisme cognitif et culturel qui traite les sciences comme des **narrations** ou des **constructions sociales** parmi d'autres.*»

Les auteurs ne nous expliquent pas non plus pourquoi ils font un amalgame entre ces *postmodernistes* américains et les intellectuels français qui sont *seuls* critiqués dans leur ouvrage. Sokal et Bricmont doivent nous dire comment et de quelle manière la philosophie française du XXème siècle *rejette la tradition rationaliste des Lumières*. Car contrairement aux dires des deux auteurs, les intellectuels cités ne traitent pas les sciences comme des ***narrations*** ou des ***constructions sociales***, mais analysent leurs ***discours*** et leurs ***structures***. Même si parfois les intellectuels français s'aventurent dans des délires verbaux incohérents, la méthode de l'analyse *foucaldienne* est largement accessible à qui veut bien se donner la peine d'en comprendre le b.a.ba. Car la manière dont s'ordonne un discours, n'est pas sans conséquences sur la pratique que déploie l'instance de laquelle il émane.
Par exemple, l'ouvrage *Impostures intellectuelles* se situe dans le droit fil du discours scientiste. Le scientisme étant la maladie infantile de la science, comme le gauchisme était la maladie infantile du communisme. Aujourd'hui, grâce justement au travail des intellectuels attaqués dans l'ouvrage, la philosophie propose des *analyses du champ des connaissances* qui se font par strates successives. Ces analyses *archéologiques* du savoir comme les définissait Michel Foucault, valent ce qu'elles valent, mais ce qui ennuie peut-être nos auteurs, c'est qu'aucun champ du savoir, *pas même la science*, dont ils se réclament, ne

peut échapper à cette méthode de déchiffrage et d'analyse par strates.

Il est curieux que des auteurs contemporains, physiciens d'après la Relativité, qui accusent les philosophes modernes de rejeter la tradition rationaliste des Lumières se livrent à un exercice critique en restant à ce que l'on pourrait appeler *la méthode analytique* de l'ère des Lumières !

Certes, les Lumières ont permis de détruire la Bastille, mais les techniques de démolition ont largement évolué depuis. La Science également, la philosophie aussi, les méthodes d'analyse également. Pour le dire autrement, à l'heure de la fission nucléaire certains sont encore persuadés que la machine à vapeur demeure le sommet de la haute technologie énergétique ! À moins qu'il ne s'agisse tout simplement d'une mauvaise foi certaine à vouloir confondre *narrations* et *discours*, *constructions sociales* et *structures*.

On ne peut pas reprocher aux auteurs de ne pas avoir lu les intellectuels qu'ils critiquent : ils sont largement cités, à pleine page. Le devoir de l'élève *Jacques Lacan* est corrigé en premier. Car c'est d'un ton professoral que nos *professeurs* corrigent les copies des mauvais élèves. L'ouvrage se transforme en salle de classe où sont appelés tour à tour au tableau ces intellectuels indisciplinés qui osent émettre une pensée critique sur la science ou qui s'en mêlent d'une manière ou d'une autre.

Je n'ai pas les connaissances scientifiques pour juger les critiques qu'adressent Sokal et Bricmont à leurs *élèves*, je ne peux qu'en juger la forme et pas le fond, ce qui est peut-être ici un avantage pour se faire une idée de leur méthode. Même s'ils ne se jugent pas compétents pour attribuer une note à l'ensemble de l'œuvre de leurs élèves, il convient de noter, que, pour eux, il ne s'agit pas d'erreurs mais bien *d'actions volontaires* : l'imposture étant un acte délibéré, intentionnel :

"*Il va sans dire que nous ne sommes pas compétents pour juger l'ensemble de l'œuvre de ces auteurs. Nous savons bien que les interventions de ceux-ci en sciences exactes ne constituent pas l'essentiel de leurs écrits. Mais lorsqu'une imposture intellectuelle est découverte dans les travaux de quelqu'un, il est naturel d'examiner de plus près le reste de son œuvre.*" (p.16)

Lacan est naturellement attaqué sur le champ des mathématiques et l'utilisation qu'il fait de ces dernières :

*« Dans cette phrase Lacan utilise quatre termes mathématiques (« espace », « borné » « fermé » ; « topologie » mais sans tenir compte de leur signification ; cette phrase ne veut rien dire d'un point de vue mathématique »* (p. 27.)

Jacques Lacan, psychanalyste (1901-1981) n'a jamais été ni mathématicien, ni théologien, ni linguiste. Il utilisa tout au long de son enseignement la linguistique, à laquelle il fit subir des distorsions invraisemblables, au point de dire lui-même qu'il faisait de la *linguistiquerie*. Il fit de même avec la théologie, les mathématiques, la topologie et à peu près avec tout ce qui pouvait lui tomber sous la main comme matière à penser. Ce qui en fin de compte a tout de même donné un résultat qui interroge. En tordant les sciences comme il le fit, Jacques Lacan a fait faire sur la connaissance de l'homme un pas à l'avant. En ce qui concerne la topologie, force est de reconnaître que l'illustration des instances *Réel/Symbolique/Imaginaire* par les trois anneaux borroméens facilite la compréhension de l'indissociabilité de ces fonctions. Bon an mal an, sa *topologisterie* ne fut pas tout à fait inutile. Au reste, signaler qu'une phrase de Lacan ne veut rien dire ne relève ni du scoop journalistique ni de la découverte scientifique...

Les auteurs d'*Impostures* poursuivent leurs investigations avec Luce Irigaray qui se trouve reléguée au rang d'antiféministe réactionnaire :

"*Enfermer les femmes dans un biologisme naïf qui les ramènent tout entières à leur sexualité, à la menstruation et à d'autres rythmes cosmiques ou non, c'est attaquer tout ce que le mouvement féministe a obtenu ces dernières décennies. La reine Victoria n'est pas loin et Simone de Beauvoir doit se retourner dans sa tombe*" (p. 113.)

Le sujet sur lequel est attaquée Luce Irigaray concerne *La mécanique des fluides* ; c'est à dire 11 pages d'un de ses ouvrages mineurs[1]. On peut reprocher à Luce Irigaray d'utiliser une écriture militante, celle d'après 1968, écriture assez fatigante et un tantinet ennuyeuse. Mais écrire à son propos que la Reine Victoria n'est pas loin, c'est oublier un peu vite qu'elle a appris à *penser après Freud* à des milliers de femmes en osant élaborer un solide travail sur la féminité et la théorie freudienne[2]. Il faut, soit avoir une mauvaise foi à déplacer les montagnes soit n'avoir rien compris à son œuvre pour écrire une chose pareille !

Il semblerait que les auteurs considèrent l'approche *naturaliste* du féminisme comme un détail de la pensée féministe. Car il n'a pas pu leur échapper qu'il existe au moins deux approches *féministes* de la femme : une approche *naturaliste* et une approche *culturaliste*.
Il n'est pas difficile, dans le texte cité de Luce Irigaray, de voir une approche *naturaliste* de la femme. Alors que Beauvoir, avec sa célèbre phrase paraphrasant Tertullien *« On ne nait pas femme on le devient »* a une approche *culturaliste* de la position de la femme. Les deux abords ne sont en rien contradictoires ou opposés. On peut même dire que ces deux approches du féminisme se sont superposées sans cesse depuis qu'il existe des écrits féministes. À défaut, on peut toujours user d'ironie et parler de *biologisme naïf* en affirmant que l'approche biologique qu'effectue Luce Irigaray constitue « *une attaque à*

---

[1] Luce Irigaray, Ce sexe qui n'en est pas un, éd. De minuit
[2] Luce Irigaray, Spéculum de l'autre femme, éd. De minuit

*tout ce que le mouvement féministe a obtenu ces dernières années...* » Heureusement que les auteurs ont écrit, page 16 : « *Il va sans dire que nous ne sommes pas compétents pour juger l'ensemble de l'œuvre de ces auteurs.* »

Comme Michel Foucault, ne s'est jamais aventuré dans la *science pure*, bien qu'il ait écrit sur l'histoire des sciences, -on lui doit notamment une magnifique *Naissance de la clinique* [1]- il était difficile, pour nos professeurs de l'épingler et de le mettre au piquet. Ils se contenteront alors d'ironiser sur le personnage en apposant une citation dans laquelle Foucault rend un hommage à Gilles Deleuze :

"*Il me faut parler de deux livres qui me paraissent grands parmi les grands : Différence et répétition, Logique du sens [...] Mais un jour peut-être le siècle sera deleuzien*" (p. 141)

S'ensuit le repérage des *erreurs scientifiques* des deux ouvrages cités par Foucault. Les auteurs reprochent à Gilles Deleuze et Félix Guattari d'utiliser des termes *scientifiques* :

"*Dans cet extrait on trouve au moins douze termes scientifiques, par exemple : vitesse, infini, particule, fonction, catalyse, accélérateur de particules, expansion, galaxie, limite, variable, abscisse, constante universelle*" (P.144.)

Les philosophes, c'est bien connu, ne se sont jamais préoccupés de l'*infini*, ni des *galaxies* -on ne se pose des questions à leur sujet que dans les observatoires astronomiques- et personne n'a jamais constaté de *constante universelle* ni défini de *fonction* autrement que dans les sciences pures ! Il serait bon que les auteurs, qui se sont donné pour mission de pourfendre *l'obscurantisme moderne*, admettent que le vocabulaire saute parfois d'un champ de connaissance à un autre ou du *vulgum* à

---

[1] Michel Foucault, Naissance de la clinique, éd. PUF

des domaines spécifiques et que nombre de mots du vocabulaire scientifique viennent parfois du vulgaire, la science n'a pas inventé tous ses mots.

Le langage, fut-il scientifique, n'appartient à personne. La possessivité des auteurs d'*Impostures* à l'égard des termes utilisés par Deleuze et Guattari est d'autant plus mal venue que ces derniers dissertaient dans cet ouvrage de la différence d'approche du *Chaos* entre la Science et la Philosophie (Page 143) et que leurs propos sont tout à fait intelligibles et censés. Peut-être que les auteurs ont du mal à comprendre les choses lorsqu'un mot n'est pas employé dans sa seule acception scientifique ? On a souvent l'impression qu'un problème de compréhension les perturbe :

"*Dans ce paragraphe, on trouve quelques bribes de phrases qui ont un sens immergées dans un discours qui en est dénudé [...] Le début de ce texte a l'air d'une remarque profonde sur l'interprétation de la mécanique quantique, mais la fin' (à partir de "laisse hors de champ" n'a aucun sens [...] De nouveau la fin du texte ne veut rien dire, même si le début fait allusion à la philosophie des sciences...*" (p.145.)

La défense classique du mauvais élève sera plutôt d'énoncer : *ce texte ne veut rien dire* plutôt que de dire *je ne comprends pas ce texte.* Après avoir *épinglé* nos intellectuels, les auteurs d'*Impostures* proposent un véritable dialogue entre les deux cultures (les sciences exactes et les sciences humaines.) Leur conception peut se résumer en quelques points invariables dont le scientisme borné nous rebat les oreilles depuis des années :

-Les sciences humaines se doivent d'avoir la même rigueur que les sciences exactes.
-Les sciences exactes doivent être des modèles dont les sciences humaines doivent s'inspirer.

Le lecteur en tous cas, saisit tout de suite que ce dialogue sera un dialogue de sourds :

"*Il est important de ne pas mélanger les arguments : car si l'on veut faire de la science, qu'elle soit physique ou sociale, il faut abandonner les doutes radicaux concernant la logique ou la possibilité de connaître le monde au moyen de l'expérience.*" (P. 191.)

On ne peut que conseiller aux auteurs de retourner à la méthode syllabique, car dans « philosophie des sciences », le mot *philosophie* précède celui de *science*, et donc, à commencer par la philosophie :

"*Soyons beaux joueurs. Voir de près des philosophes dans l'exercice de leur profession, c'est un spectacle qui vaut le déplacement ! Quel spectacle ? Mais le comique ! Bergson a expliqué (Le Rire) et Charlot a fait voir que le comique c'est toujours à la limite, un homme qui rate une marche ou tombe dans un trou. Avec des philosophes, on est sûr de son affaire : à un moment ou à l'autre, ils se cassent la figure.*"[1]

Ouvrage que bien évidemment nous recommandons chaleureusement aux scientifiques qui eux, ne se cassent jamais la figure :

« *Il n'y a pas la plus petite indication que de l'énergie pourra un jour être obtenue. Cela voudrait dire que l'atome pourrait être brisé à volonté.* »[2]

---

[1] Louis Althusser, Philosophie et philosophie spontanée des savants, (Cours de philosophie pour scientifiques) éd. Maspero, 1967

[2] Déclaration d'Albert Einstein en 1932. Six ans plus tard, en 1938, la première fission atomique eut lieu à Copenhague.
In «Les perles de l'histoire, des sciences et des Arts », éd. E & R

# Freud et Lacan

*« Notre pratique est une escroquerie. Bluffer, faire ciller les gens, les éblouir avec des mots qui sont du chiqué, c'est quand même ce qu'on appelle d'habitude du chiqué... Du point de vue éthique, c'est intenable, notre profession... Il s'agit de savoir si Freud est oui ou non un événement historique. Je crois qu'il a raté son coup. C'est comme moi, dans très peu de temps, tout le monde s'en foutra de la psychanalyse. »*[1]

Les psychanalystes ne sont pas forcément de bons prophètes, puisque trente-six ans après cette déclaration à l'humour grinçant, la psychanalyse fait toujours débat et l'œuvre de Lacan n'a jamais été autant commentée, autant discutée, autant réfutée. Après s'être attaqués à Freud, proie facile à leurs yeux, certains, mais pas le plus grand nombre, des pourfendeurs de la psychanalyse s'attaquent à Jacques Lacan et à son œuvre. L'exercice est plus ardu pour plusieurs raisons : l'œuvre de Lacan n'a pas été entièrement publiée à ce jour, et elle est surtout beaucoup plus obscure, beaucoup plus « ésotérique ». Une lecture superficielle n'en est pas possible pour se livrer à une critique. Par ailleurs cette critique n'intéresse pas le grand public, elle est affaire d'exégètes, de ce fait elle rapporte moins d'argent, car sa publication n'est pas destinée à un tirage spectaculaire comme la critique de Freud, dont le nom est connu du grand public. Certains contemporains pourtant s'y sont essayés et leurs arguments sont parfois solides. Mais il est à noter que cette critique de Lacan est aussi vieille que la critique de la psychanalyse. Car il faut bien se rendre à l'évidence, le premier critique de Freud fut Lacan lui-même tout au long de son Séminaire. Dans sa critique de Freud, débordant souvent sur la critique de la psychanalyse, il fut

[1] Jacques Lacan, Intervention à l'université de Bruxelles le 26 Février 1977, publiée dans le n° 2 de la revue Quarto en 1981

souvent suivi et parfois précédé par beaucoup de philosophes contemporains qui l'influencèrent directement ou indirectement. Philosophes dont parfois les attaques virulentes dépassent celles des critiques contemporains :

*"Et comment coexistèrent trois éléments : l'élément explorateur [...] l'élément culturel classique, [...] et enfin le troisième [...] le plus inquiétant, une sorte de racket assoiffé de respectabilité, qui n'aura de cesse de se faire reconnaître et institutionnaliser, une formidable entreprise d'absorption de plus-value, avec sa codification de la cure interminable, sa cynique justification du rôle de l'argent, et tous les gages qu'elle donne à l'ordre établi."*[1]

Que ces critiques soient de purs philosophes, comme Gilles Deleuze ou des sociologues, tel Robert Castel[2], qui dès les années soixante-dix se livrèrent à une sévère critique de la psychanalyse. Ces critiques, très éloignées des critiques communistes de l'avant-guerre qui reprochaient à la psychanalyse d'être une *science bourgeoise*, ne s'attaquèrent pas seulement à la doctrine freudienne, mais également à *l'institution* psychanalytique à qui ils reprochaient ses accointances avec le pouvoir.

La sexualité infantile que révèle Freud fait l'effet d'une révolution en complète rupture avec la vision que la société a alors de l'homme. La psychanalyse à ses débuts sera violemment rejetée par le discours médical, elle essaiera donc d'asseoir une théorie qui, pour être bien accueillie par le pouvoir en place, devra aller dans les vues idéologiques de ce dernier, être conforme à sa conception de "l'homme." Pour donner un contrepoids à sa découverte, la psychanalyse va se montrer

---

[1] Gilles Deleuze et Félix Guattari, L'Anti-Œdipe, éd. De Minuit p.140 (1972)

[2] Robert Castel, Le psychanalysme, éd.10/18 (1976)

complaisante : la théorie des stades avec l'unification des pulsions perverses au stade génital verra le jour. Ainsi *l'homofreudimus* est conforme aux vues de la bourgeoisie au pouvoir : la sexualité a pour fonction et pour but la perpétuation de l'espèce. Le plaisir n'est pas contingent, la sexualité humaine a comme visée dernière la reproduction. C'est justement en voulant élaborer une théorie mécanique du psychisme qui utilise la perversion infantile comme combustible premier appelé à disparaître en se consumant, que la psychanalyse va donner le meilleur de ses gages à l'ordre établi. Même si ses théories ne sont pas scientifiquement démontrables, elle n'aura de cesse de se vouloir scientifique et de se faire avaliser par la *Science Médicale*.

S'appuyant sur des bases biologiques, l'Inconscient freudien renvoie au symbolisme. Les poètes, les philosophes, les artistes, les pédagogues s'emparent, tour à tour de cet Inconscient. Les thèses de Freud sont une affaire de concepts, de données, d'articulations. Tout le monde ou presque peut comprendre l'écriture freudienne. Freud tente une rupture avec la médecine classique de son époque. La psychanalyse va naître hors de l'hôpital pour s'ouvrir aux philosophes, aux poètes et aux artistes, le débat n'est pas encore dans la rue, mais il s'en approche : il envahit les salons littéraires, les ateliers d'artistes, les cercles intellectuels. Cette doctrine d'un Inconscient lié au biologique, partant de la pulsion et se frayant un chemin à travers les différentes instances du psychisme pour resurgir sous forme de symptômes ou de symboles s'est par la suite éloignée dans des directions non prévues, aussi variées qu'originales. Mais malgré des déviations importantes, la conception freudienne, "scientifique", médicale, en un mot matérialiste de l'inconscient tient le coup dans la durée. Ce concept d'inconscient, avec son assise biologique et une *barrière refoulante* pourrait donc s'appliquer à une forme de société où la sexualité est aussi une fonction sociale, un positionnement de l'individu dans le groupe :

*"Quand Freud se demande s'il existe chez l'homme quelque chose de comparable à "l'instinct des animaux", ce n'est pas dans les pulsions qu'il trouve cet équivalent, c'est précisément dans les fantasmes originaires."*[1]

La horde primitive de "Totem et tabous"[2], dans laquelle le père possède toutes les femmes ne semble pas très éloignée du harem des gorilles au centre duquel domine un mâle régnant sur un groupe de femelles. Une extrapolation est-elle possible ? La question n'a pas de réponse. Les gorilles ne nous diront jamais si l'interdiction de prendre les femelles du dominant est une problématique de la castration découlant de la Loi, ce qui impliquerait alors une fonction symbolique chez ces derniers. Ce qui ne semble pas être possible pour la psychanalyse d'inspiration lacanienne :

*"Lacan fait du phallus un signifiant - c'est à dire non une chose ou un organe, mais un symbole qui n'existe que du langage, puisque seul, l'être parlant rencontre la castration"* [3]

L'auteur admet effectivement un "léger" décalage entre la théorie freudienne et les concepts de Jacques Lacan :

*"Si le symptôme peut être lu, c'est parce qu'il est déjà lui-même inscrit dans un procès d'écriture. Rien chez Freud ne contredit cette lecture ; Lacan n'a, la plupart du temps qu'à simplement montrer ce qui se donne à lire. Rien sauf ceci, qui n'est pas rien : pour Freud, la référence, le réel est biologique."* [4]

---

[1] J. Laplanche et J-B Pontalis, Fantasmes originaires, Fantasmes des origines, Origines du fantasme, éd. Hachette, p. 83

[2] S. Freud, Totem et tabous, éd. Payot (op. cité)

[3] Patrick Guyomard, Encyclopédia Universalis, Article J. Lacan

[4] ibidem

Ce qui est à noter dans ce propos c'est la rupture entre une psychanalyse où la référence au réel est biologique et une psychanalyse où ce référent est de l'ordre du langage.

On assiste, dans un premier temps, à une psychanalyse, celle de Freud, qui quitte l'hôpital, qui tourne le dos à la psychiatrie, qui se met à opérer en ville, dans un salon, qui a l'air de se trouver en rupture totale, par ses concepts et ses méthodes avec la psychiatrie traditionnelle, voire qui se trouve en rupture avec la médecine. Elle se marginalise elle-même par une approche du psychisme sans précédent dans le monde médical. La relation médecin/malade est éclatée, elle devient un contrat commercial déterminant une durée et un coût décidés en commun et par avance. C'est une transaction entre une demande de soins et une offre de service *–un mieux être-* distribuée par l'application d'un savoir.
La connaissance freudienne va se diffuser en impliquant son créateur qui devient le sujet et l'acteur d'un regard nouveau posé sur l'Homme à partir de sa propre expérience et de son propre engagement. La nouveauté va exister à partir de ce que Freud va relater et écrire sur ses patients et sur lui-même. Cette nouveauté est divulguée au monde sitôt qu'elle est acquise, quitte à se modifier en cours de route. Il y a un nouveau discours sur un nouvel objet, un discours sur l'Inconscient, sur les symptômes, qui se trouve en rupture avec la psychiatrie. Mais cette rupture avec la *psychiatrie* fut de forme, non de fait. Il y a eu rupture avec la *forme* médicale traditionnelle, pas avec le *fond* médical. La référence au "constitutionnel" restera présente tout au long de l'œuvre de Freud. Il ne se départira jamais de sa formation médicale, elle influencera toute son œuvre. Il ne lira jamais les philosophes de peur d'être influencé par leurs pensées. Il construira un *appareil psychique* comme il existe un appareil digestif. Freud fera une véritable *anatomo-pathologie de l'inconscient.*

Comme il se plaisait à le dire lui-même, Freud était un *juif infidèle*, un athée. Bien qu'il prêtât aux enfants une prescience du coït et que son registre des symboles fût somme toute étendu, son approche du psychique était matérialiste. La rupture avec C. G. Jung, était inévitable ; ce dernier, en orientant la psychanalyse vers les voies de l'Inconscient collectif et des archétypes laissait le psychisme humain ouvert à une théorie des "énergies" spirituelles agissantes sur le sujet individuel. C'est entre ces deux visions, celle matérialiste de Freud et de sa libido *biologique* et le courant *spiritualiste* de Jung et de ses archétypes que Lacan, s'inspirant des thèses de Lévi-Strauss, vient opérer un glissement.

Échappatoire d'ailleurs plutôt que glissement : le biologisme freudien sera effacé par le langage, les archétypes et ***le*** *symbolisme* jungien seront gommés au profit ***du*** *symbolique* et des signifiants attendant le sujet.

C'est parce qu'il y a un vide dans les concepts lacaniens que sa pensée, ne pouvant s'inscrire ni dans un procès matérialiste ni dans une quelconque doctrine "spirituelle", a attiré des gens aux idéologies aussi différentes et antinomiques que des catholiques militants et des théoriciens marxistes, sans qu'il n'y ait pour autant de rupture majeure dans le discours lacanien. Mais, et c'est là la part de génie de Lacan, en posant le sujet comme Sujet du désir, il quitte le vocabulaire spécifique qui protège la psychanalyse de l'intrusion philosophique à l'intérieur de son savoir. En révisant les concepts freudiens, en se référant aux philosophes tout au long de son enseignement et en plaçant l'homme comme sujet du désir Lacan opère une cassure qui obligera la psychanalyse à un glissement ontologique. Ce faisant, il obligera la théorie analytique à quitter le discours médical et normatif dans lequel elle s'était réfugiée. Malgré le flottement de certains concepts lacaniens, son manque de positionnement par rapport au matérialisme -et c'est là un de ses moindres paradoxes- la psychanalyse d'inspiration lacanienne se réclamera être une *science* de l'Inconscient. Scientifique, elle se veut, cette psychanalyse, qui de fait, n'a jamais quitté l'hôpital et qui continue à y faire des présentations de malades comme

Charcot présentait les hystériques. Une psychanalyse où la transmission du savoir est perpétuée par un parterre d'étudiants suivant le Maître dans la plus pure tradition médicale. Une psychanalyse qui au fur et à mesure de son développement ne sera plus comprise par le plus grand nombre. Elle emploiera un langage compliqué, un vocabulaire ésotérique non saisissable par le *vulgum pecus* comme jadis la médecine s'abritait derrière le latin pour masquer son ignorance. Cette psychanalyse se référera à la linguistique, à la phénoménologie, au structuralisme et aux mathématiques. Elle deviendra une psychanalyse où le contrat commercial est rompu, où l'analyste redevient le médecin tout puissant qui décide de l'arrêt de la consultation, qui sait si la séance doit être écourtée ou continuée, une psychanalyse où l'analyste se fait le maître du temps. Une psychanalyse enfin qui ne dit rien sur elle-même, ni par les découvertes que son créateur fait sur lui-même, ni de celles qu'il fait sur ses patients. Une psychanalyse qui ne se diffuse pas par l'écriture mais qui analyse la littérature, une doctrine qui se divulgue par bribes, à quelques initiés privilégiés qui ont frôlé le sillage du Maître ou qui ont pris place sur son divan. Une psychanalyse qui, prenant de l'expansion, emmène le divan à l'hôpital pour y prodiguer des *soins* dans une structure de pouvoir et qui se met en rupture avec la psychanalyse originelle qui avait, elle, dans sa forme, non seulement quitté l'hôpital, mais également le cabinet d'auscultation. Une psychanalyse qui n'oublie pas la notion de l'argent comme *élément* thérapeutique, mais qui oublie sa notion de transfert et qui, après quelques expériences pilotes s'installe durablement à l'hôpital et à l'université, légitimant par-là même un savoir reconnu comme officiel et qu'elle avait condamné, tout en continuant à se revendiquer subversive.

Existe-t-il alors une psychanalyse, la première, celle des origines, qui a tenté d'effectuer une rupture avec la forme médicale, tout en se référant au biologique et en le prenant comme support du réel et une autre qui se réfère au langage, mais qui, dans sa pratique, n'a pas effectué de véritable rupture avec l'institution hospitalière, la tradition médicale et universitaire ?

Les premières théories de Freud ont été rejetées par la majorité du corps médical, il en a toujours gardé une certaine amertume, et il n'a jamais caché ses sympathies socialisantes, voire révolutionnaires :

*"Je tiens pour le progrès le plus significatif dans l'éducation de l'enfant le fait qu'en France l'État a introduit à la place du catéchisme un livre élémentaire qui donne à l'enfant les premiers renseignements sur sa position civique et sur les devoirs moraux qui lui incomberont un jour. Mais cet enseignement élémentaire est fâcheusement incomplet en ce qu'il ne cerne pas aussi le domaine de la vie sexuelle."* [1]

Ce texte a été écrit en 1907, ce qui, pour l'époque est véritablement révolutionnaire. Mais le débat ne se situe pas uniquement sur un plan théorique, car derrière la découverte freudienne va se greffer une institution qui aura soif de respectabilité. Très rapidement, derrière cette apparente *révolution* psychanalytique va se profiler une *institution* psychanalytique, institution où Freud jouera un rôle majeur, tout en voulant toujours en rester à l'extérieur, en n'acceptant jamais la présidence de l'I.P.A. (International Psychoanalytical Association). Institution rigide au but de normalisation avoué dans sa théorie même : l'Œdipe, la castration, la primauté du génital, le regroupement des pulsions partielles derrière cette génitalité. Cette institution réussit le tour de force d'être à la fois internationale et sectaire. Afin que ne s'élabore aucune théorie "déviante" risquant de concurrencer l'Œdipe au sein de la "horde primitive" Ernest Jones, le biographe officiel de Freud, fonda en 1912 un "Comité Secret" chargé de veiller à

---

[1] S. Freud, Les explications donnés aux enfants, in La vie sexuelle, éd. PUF

l'orthodoxie de la doctrine et d'éliminer les déviants. La formation même de ce *Comité* qui sera dissous quelque vingt ans plus tard, en dit long sur l'esprit "scientifique" que la psychanalyse revendiquait déjà. Curieuse dialectique d'une découverte révolutionnaire et d'un savoir que d'aucuns ont voulu voir subversif. Bien que Freud se soit toujours prononcé pour que les non-médecins deviennent psychanalystes, force est de constater qu'aujourd'hui comme hier, beaucoup de psychanalystes sont issus du milieu médical, de la psychiatrie.

Lacan, lui, va développer sa pensée dans ses propres instances. Il va remettre en cause la psychanalyse en interrogeant l'analyste et en doutant de son savoir pour, finalement, ne lui en reconnaître aucun : le savoir est dans le *sujet parlant*, dans l'analysant. En interrogeant l'analyste sur sa position, Lacan ébranle l'édifice médical sur lequel ce dernier entend se reposer. Refus du primat de la génitalité, reconnaissance des pulsions partielles, refus de voir une différence entre l'analyse "didactique" et l'analyse "thérapeutique." Pour la psychanalyse freudienne la fin de l'analyse réside dans la résolution de l'Œdipe, pour l'analyse lacanienne la fin de l'analyse est la découverte de l'incomplétude du sujet. Ce changement radical de la visée analytique tient à la position de l'analyste différente chez Freud et chez Lacan : pour Freud l'analyste sera le vecteur et le récepteur du transfert en occupant la position de père, chez Lacan c'est la position d'objet petit a qu'occupera l'analyste. Cette différence fondamentale entraînera *ipso facto* une visée différente de la cure : adaptation et normalisation chez Freud, qui n'a jamais visé autre chose que la *guérison* des personnes en cure. Pour lui la linéarité de la libido ne fait aucun doute. Le concept même de "fixation" suppose un développement alors que pour Lacan il n'y a pas de linéarité :

*"Seules des pulsions partielles désignent le sujet sexué, car il n'y a pas convergence de ces pulsions vers un tout, l'achèvement d'une pulsion sexuelle totale. Ces pulsions tournent autour d'objets qui ne constituent pas des stades de*

*développement, mais justement des modes de rapport du sujet à la demande."* [1]

La psychanalyse freudienne ne pouvait que tomber dans *l'Ego psychologie*, c'était sa vocation première, son but immanquable, elle ne pouvait qu'être aspirée par cette Ego psychologie comme le liquide est attiré au fond de l'entonnoir. C'est une question de gravité, la psychanalyse freudienne et l'Ego psychologie s'inscrivent dans la droite ligne de la formule positiviste : "Là où était le Ça doit être le Moi."

La psychanalyse étant toujours une histoire de transfert plus ou moins bien digéré, c'est certainement bien involontairement que l'on doit à Rudolph Lowenstein l'originalité de la doctrine de Lacan qui combattit cette psychologie du Moi. Ce dernier fut analysé par Lowenstein qui après avoir immigré aux Etats Unis en 1942 y développa l'Ego psychologie. Mais Lacan fera plus qu'établir une doctrine capable de contrer le développement de l'Ego psychologie, il va faire pénétrer la psychanalyse dans les sciences humaines et l'enrichir de ces dernières. C'est une véritable révolution qui va s'opérer en France autour de son œuvre et de son personnage. Cette révolution aura des répercussions dans le monde entier, elle parviendra même parfois à dynamiser les sociétés de psychanalyse les plus conservatrices.

[1] Éric Porge, Jacques Lacan, un psychanalyste, éd. Érès, p. 97

# Pour conclure...

À la fin du dix-neuvième siècle, un médecin viennois au sens de l'observation développé et à l'intuition étonnante découvrit quelque chose d'étrange, de familier à tous et pourtant inconnu à chacun. Il fut rejoint par d'autres pionniers avides de découvrir cette terre inexplorée, ils firent parfois route ensemble, mais les chemins étaient si nombreux et si étroits que pour atteindre cet inconnu chacun en prit un différent. Beaucoup suivirent le chemin qu'emprunta la première cordée. Bien évidemment chacun traita de fou celui qui ne suivait pas le sien en prédisant à l'insensé sa perte et sa déchéance. Si ce n'est pas le nombre qui fait la vérité, il établit la norme, valeur partagée par le plus grand nombre. Le freudisme triompha des concurrents dissidents issus de ses propres rangs.
Au milieu du vingtième siècle, un médecin parisien, génial, têtu, ingénieux et tout aussi orgueilleux que le viennois, se mit en tête de « retourner » à Freud. Croyant rejoindre le point de départ il s'en éloigna en découvrant au passage une nouvelle terre inconnue.
Tous deux, avançant dans les limbes obscures de l'inconscient ouvrirent des brèches qu'ils ne crurent pas utile de refermer, leurs ennemis s'y enfoncèrent et ils ne le firent pas au hasard, à n'importe quel moment.

On peut reprocher bien des choses à la psychanalyse, tant freudienne que lacanienne, on ne peut pas lui reprocher son manque de clarté et de définition dans ses concepts : moins ils sont définis, plus ils sont affirmés avec autorité ! Lorsqu'un concept est établi, il ne doit plus être modifié, même si des écrits postérieurs viendront le heurter de plein front. On n'hésite pas à faire le passage en force, même si les propos avancés sont *énormes* :

*"...Car avant que l'individu ait acquis une connaissance certaine de la différence qui existe entre les sexes, présence ou absence d'un pénis, il se comporte de la même manière à l'égard du père et de la mère".*[1]

Lacan, avec le signifiant phallus n'arrangea pas les choses : puisque personne ne l'a, le signifiant phallus deviendra le signifiant du manque !

Les reproches que l'on peut faire à la psychanalyse sont effectivement nombreux, le premier d'entre eux serait celui d'avoir eu la mainmise sur la santé mentale et son enseignement. Il faut tout de même reconnaître que jusqu'alors il n'y avait pas grand-chose à lui opposer et que les psychothérapies « dynamiques » qui veulent lui succéder font pâle figure à côté de la richesse incertaine de ses concepts. Les parts de marché sont énormes, les personnes qui consultent sont nombreuses : un français sur quatre consomme des anxiolytiques ou des antidépresseurs, plus d'un million disent suivre une psychothérapie. La psychanalyse a subi un recul, les molécules du bonheur ayant des effets plus rapides qu'une expérience longue et coûteuse, qui de plus ne marche pas toujours avec tout le monde. La psychanalyse préfère donc aujourd'hui se définir plus comme une pratique que comme un soin. Elle irait presque à se renier en se définissant comme une psychothérapie *soft* et en oubliant dans une sorte « d'amnésie infantile » que son savoir, si nébuleux soit-il, et son étrange pratique ne sont pas sans effets. Même si la tendance actuelle tend à se confirmer, elle n'est pas encore tout à fait une *bobologie* qui ne soigne que les bleus de l'âme.

Les nouvelles thérapies, avides de parts de marché, utilisent les armes les plus meurtrières pour abattre celle qui, malgré tout, se taille encore une jolie part dans le *business* du mal-être. Les

---

[1] S. Freud, *Le Moi, le Sur-moi et l'Idéal du Moi,* in *Essais de Psychanalyse, éd. Gallimard*

attaques *ad hominem* sont plus nombreuses que les débats d'idées. Les coups bas sur la pratique ne manquent pas non plus. Elles viennent la plupart du temps de personnes ignorantes du b.a.ba de ce qu'est une psychanalyse.

Une psychanalyse peut-être pénible pour celui qui la vit. Elle reste cependant moins dangereuse et moins meurtrière qu'une lobotomie du genre de celles que pratiquaient Jackson Freeman avec son pic à glace[1] dans son camion aménagé. Parfois sans anesthésie, puis un puissant électrochoc faisait office d'anesthésiant. Les bienfaits de ce neurologue à l'humanité commencèrent à décroître lors de l'apparition des premières molécules du bonheur et cessèrent lorsqu'il tua un jeune patient en... 1967 !

Certes les mots tuent parfois et la psychanalyse a tué. Jamais avec un pic à glace. En 1967 Lacan tenait son Séminaire intitulé « l'Acte psychanalytique ». Cet *acte* est beaucoup moins invasif qu'un pic à glace enfoncé dans les narines remontant jusqu'au lobe frontal avec un marteau. Ceux qui promeuvent aujourd'hui les nouvelles psychothérapies feraient peut-être bien de s'en souvenir.

Qu'on entende clairement, il n'est pas question de comparer ces nouveautés du marché des psychothérapies à la barbarie de Jackson Freeman, il s'agit juste de tenir compte d'où s'énonce un ***discours*** et de quelle ***structure*** il relève, à moins de ne voir dans la *pratique* de Freeman que la simple *narration* d'une anecdote et que la psychiatrie américaine ne soit qu'une *construction sociale* sans aucune *structure*.

[1] Walter Jackson Freeman, qui fut président de *l'American Association of Neuropathologists*, lobotomisa plus de 3500 personnes à travers les USA avec un pic à glace et un marteau, les « patients » étaient bien évidemment détruits pour le restant de leurs jours. L'opération était parfois indiquée pour de simples céphalées. De 1936 à 1967, 100 000 personnes subirent cette « opération ».

# Index alphabétique des auteurs cités


Althusser Louis, Philosophie et philosophie spontanée des savants, éd. Maspero
Bénesteau Jacques, Mensonges freudiens, éd. Mardaga
Borch-Jacobsen Mikkel, Les patients de Freud, éd. Sciences Humaines
Castel Robert, Le Psychanalysme, éd.10/18
Correspondance Freud Binswanger 1908-1938, éd. Calmann-Lévy
Deleuze Gilles et Félix Guattari, L'Anti-Œdipe, éd. De Minuit
Férenczi Sandor, Journal clinique, éd. Payot
François Roustang, Elle ne le lâche plus, éd. De minuit
Freud Sigmund :
- Trois essais sur la théorie de la sexualité, éd. Gallimard
- Cinq psychanalyses, éd. PUF
- Moïse et le monothéisme, éd. Gallimard
- Totem et tabou, éd. Payot
- Psychopathologie de la vie quotidienne éd. Payot
- Essais de psychanalyse, éd. Payot
- La vie sexuelle, éd. PUF
Foucault Michel, Naissance de la clinique, éd. PUF
Grünbaum Adolf :
- Les fondements dc la psychanalyse, éd. P.U.F.
- La psychanalyse à l'épreuve, éd. L'éclat.
Guyomard Patrick, Encyclopédia Universalis, (Article J. Lacan)
Irigaray Luce :
- Ce sexe qui n'en est pas un, éd. De minuit
- Speculum de l'autre femme, éd. De minuit
Lacan Jacques : Revue Quarto N° 2
Laplanche J. et J-B Pontalis :
- Fantasmes originaires, Fantasmes des origines, Origines du fantasme, éd. Hachette
- Le vocabulaire de la psychanalyse, éd. PUF
Les perles noires de l'Histoire, des Sciences et des Arts, éd. E&R

Meyer Catherine, (*Sous la direction de*) Le Livre noir de la psychanalyse éd. Les Arènes
Mogniat Michel, L'idéologie freudienne, éd. Edilivre
Porge Éric, Jacques Lacan, un psychanalyste, éd. Érès
Onfray Michel, Le crépuscule d'une idole, éd. Grasset
E. Roudinesco
- Histoire de la psychanalyse en France, éd. Fayard
- Jacques Lacan, éd. Fayard
Sokal Alan et Jean Bricmont Impostures intellectuelles, éd. Odile Jacob

# Table des matières


| | |
|---|---|
| Introduction | 09 |
| Le livre noir de la psychanalyse | 15 |
| Le crépuscule d'une idole | 37 |
| Les patients de Freud | 55 |
| Les fondements de la psychanalyse | 59 |
| Impostures intellectuelles | 71 |
| Freud et Lacan | 81 |
| Pour conclure | 91 |
| Index des auteurs cités | 95 |

# Philosophie aux éditions L'Harmattan

## Dernières parutions

**ÉTUDES SUR LE XVIII[E] SIÈCLE**
**Montesquieu et Rousseau ou les conditions de la liberté**
*Ghorbel Hichem*
Le problème fondamental des philosophes des Lumières est d'assurer la liberté des citoyens. Si concrète qu'elle soit, la liberté prônée par Montesquieu et Rousseau demeure limitée et régionale. Elle rencontre des obstacles d'ordre naturel et culturel qui empêchent son effectuation mondiale et bloque son extension universelle.
*(Coll. Commentaires philosophiques, 27.00 euros, 258 p.)*
*ISBN : 978-2-336-29158-1, ISBN EBOOK : 978-2-296-51625-0*

**FEMMES, FÊTES ET PHILOSOPHIE EN GRÈCE ANCIENNE**
*Acker Clara*
Ce livre est centré sur les rapports entre religion et philosophie en Grèce antique. Il s'agit en particulier de dégager les fondements philosophiques du rituel féminin des bacchantes et de montrer comment celui-ci trouve un écho dans la vie quotidienne des Grecs, théâtre compris, et un prolongement dans les doctrines philosophiques, notamment dans les textes des philosophies pythagoriciennes, dans le platonisme, par la voix de Diotime, et dans le stoïcisme.
*(18.00 euros, 184 p.)*
*ISBN : 978-2-336-00608-6, ISBN EBOOK : 978-2-296-53035-5*

**POUR UNE ANTHROPOLOGIE LOGIQUE DU DISCOURS POSTCOLONIAL – Du point de vue de la littérature antillaise**
*Alaric Alexandre*
Interroger le discours postcolonial du point de vue de l'anthropologie logique, revient à considérer ce que toutes les autres anthropologies de la littérature antillaise laissent dans l'ombre. Cet essai est une tentative d'ouverture vers le nouvel enseignement de la représentation discursive que ces discours délivrent. À cet effet, il réexamine les usages des traces et des fragments des grandes approches linguistiques et logiques.
*(Coll. Ouverture Philosophique, 26.00 euros, 250 p.)*
*ISBN : 978-2-336-00706-9, ISBN EBOOK : 978-2-296-51684-7*

**MÉTAPHYSIQUE POUR UN NOUVEL EXISTENTIALISME**
*Nerrière Aristide*
L'espace de la métaphysique, depuis Kant, demande à être reconquis. Après Schopenhauer et Nietzsche, on sait combien la notion de transcendance est

redevenue une priorité. Comment par exemple cautionner la doctrine sartrienne selon laquelle l'existence doit précéder l'essence ? L'heure est donc arrivée d'éclairer et de conforter quelque peu notre époque en proie à une certaine déshérence. En somme, une nouvelle métaphysique, susceptible de générer un existentialisme ou un humanisme beaucoup plus fécond et heureux.
*(Coll. Commentaires philosophiques, 25.00 euros, 244 p.)*
*ISBN : 978-2-336-00542-3, ISBN EBOOK : 978-2-296-51589-5*

**FIN (LA) DE LA MODERNITÉ SANS FIN**
*Hillaire Norbert*
Pour beaucoup, la modernité est ce temps au cours duquel, comme l'écrit Mallarmé, «un présent fait défaut». La modernité ou cet emportement irrépressible du temps vers «le nouveau», qui a pour corrélat la perte d'une certaine qualité de notre rapport à l'espace. Cet ouvrage interroge, à travers les relations entre les arts et les sciences, l'architecture et le design dans la culture numérique, ou encore l'art contemporain et l'entreprise, cette involution du temps sur lui-même propre à notre époque.
*(Coll. Ouverture Philosophique, série Esthétique, 21.50 euros, 220 p.)*
*ISBN : 978-2-336-00854-7, ISBN EBOOK : 978-2-296-51554-3*

**ÉTERNEL (L') DANS LE FINI**
**Rencontre de Maître Eckhart et de Simone Weil**
*Riviale Philippe*
Autrefois, Maître Eckhart enseigna que le divin est en nous. Puis vint Simone Weil : mieux vaut, dit-elle, ne pas croire en Dieu que prétendre le connaître, pis encore lui parler. Il est en nous une liberté absolument inconditionnée, sans esprit de puissance ni de restitution, qui mène à la découverte du divin dans le moi, à l'instant où le moi s'efface et s'offre à l'être qui l'accueille. La vie tient en nous : ni illusion ni superstition ; ni élection ni châtiment.
*(Coll. Ouverture Philosophique, 27.00 euros, 264 p.)*
*ISBN : 978-2-343-00172-2, ISBN EBOOK : 978-2-296-52997-7*

**DIVERSITÉ CULTURELLE ET FIGURES DE L'HÉTÉROGÉNÉITÉ**
*Sous la direction de Georges Navet et Susana Villavicencio*
Qu'est-ce que la diversité culturelle au présent ? Tout se passe comme si le divers avait changé de statut et devenait, à l'heure où l'omniprésence de l'*homo oeconomicus* pousse en direction d'une homogénéisation, une notion incontournable pour la définition d'un éthos démocratique. Les auteurs ont pu constater qu'aucun modèle théorique issu de la tradition, notamment philosophique, n'est à la hauteur du défi.
*(Coll. La philosophie en commun, 25.00 euros, 250 p.)*
*ISBN : 978-2-336-00699-4, ISBN EBOOK : 978-2-296-51534-5*

**PHILOSOPHIE (LA) CLASSIQUE AFRICAINE**
**Contre-histoire de la philosophie (tome I)**
*Mbongo Nsame*
Cette étude renouvelle l'histoire de la philosophie et des idées en posant les bases d'une contre-histoire à partir des enseignements antiques, médiévaux et modernes fournis par l'expérience intellectuelle millénaire de l'Afrique noire. La question des débuts de la philosophie et de la définition du

concept est repensée. Enfin, il nous est donné de faire connaissance avec les plus grands penseurs de la philosophie classique africaine et avec leurs travaux.
*(Coll. Harmattan Cameroun, série Problématiques africaines, 32.00 euros, 312 p.)*
*ISBN : 978-2-336-00923-0, ISBN EBOOK : 978-2-296-51705-9*

**PERSONNALITÉ (LA) PHILOSOPHIQUE DU MONDE NOIR**
**Contre-histoire de la philosophie (tome 2)**
*Mbongo Nsame*
Une certaine « Afrique traditionnelle » a été inventée par l'ethnologie coloniale et la pensée impérialiste pour justifier l'injustifiable et masquer les pires horreurs de l'histoire. L'idée de contre-histoire de la philosophie africaine remet radicalement en cause le mythe d'une certaine «Afrique traditionnelle». Voici une contre-histoire qui met la philosophie africaine en position de pouvoir contribuer à la reconstruction de la «civilisation négro-africaine».
*(Coll. Harmattan Cameroun, série Problématiques africaines, 33.50 euros, 326 p.)*
*ISBN : 978-2-336-00924-7, ISBN EBOOK : 978-2-296-51707-3*

**PHILOSOPHIE (LA) NÉGRO-AFRICAINE DE L'EXISTENCE**
**Herméneutique des traditions orales africaines**
*Fouda Basile-Juléat - Avant-propos de Jacques Chatué*
L'oeuvre, pensée comme une tentative de détermination d'un «fonds de sens» susceptible de réappropriations différentes, est le fruit d'une recherche approfondie des traditions orales africaines. Dans sa démarche, l'auteur traverse remarquablement le triple brouillage des codes culturels eux-mêmes, de l'acculturation coloniale, ainsi que du particularisme des études ethnologiques et philosophiques alors disponibles.
*(Coll. Pensée Africaine, 27.00 euros, 258 p.)*
*ISBN : 978-2-336-00931-5, ISBN EBOOK : 978-2-296-51682-3*

**MÉTAPHYSIQUE ET TECHNIQUE MODERNE CHEZ MARTIN HEIDEGGER**
*Maidika Asana Kalinga Jules*
L'histoire de la métaphysique, pense Martin Heidegger, est une histoire de l'oubli de l'Être. La technique moderne opère dans le vide de l'Être, dans la pénurie de l'Être et éloignée de l'Être. La technique moderne est un mode de dévoilement dans ce sens qu'elle provoque la nature. Dès lors, l'essence de la technique, pense Heidegger, n'est rien de technique, elle est l'arraisonnement.
*(Coll. Pensée Africaine, 25.00 euros, 252 p.)*
*ISBN : 978-2-296-99815-5, ISBN EBOOK : 978-2-296-53036-2*

**LIBERTÉ DE DIRE**
*Kremer-Marietti Angèle*
*Liberté de dire* parce que tel est l'apanage de l'humain, et qu'il feint parfois curieusement de l'ignorer. Avec cet ouvrage, est recherchée et dégagée la profonde et permanente «intention de signification» qui, au coeur des sociétés, anime tout langage et toute pensée de la philosophie de l'esprit dans son travail authentique de cognition et de communication, parti du peu probable ou du

probable pour envisager et actualiser le certain, édifiant l'action humaine pleinement réussie.
*(Coll. Commentaires philosophiques, 13.50 euros, 118 p.)*
*ISBN : 978-2-336-00688-8, ISBN EBOOK : 978-2-296-51496-6*

**ENJEUX (LES) DE L'HISTOIRE DE LA PHILOSOPHIE EN FRANCE AU XIXe SIÈCLE – Pierre Leroux contre Victor Cousin**
*Rey Lucie*
Selon la conception politique qu'il s'agit de défendre ou de légitimer, les usages de l'histoire de la philosophie s'avèrent très différents. Sur quels auteurs et quelles traditions les différents courants philosophiques du XIXe siècle prennent-ils appui, dans quel but ? Ces questions ont guidé la lecture des textes de Victor Cousin et de Pierre Leroux et de la polémique qui les oppose.
*(Coll. La philosophie en commun, 47.00 euros, 478 p.)*
*ISBN : 978-2-336-00515-7, ISBN EBOOK : 978-2-296-51268-9*

**ESSAI D'INITIATION À LA PHILOSOPHIE**
*Ekouma Asseko Dieudonné*
L'inaccessibilité du discours en philosophie ne concourt-elle pas à éloigner le grand nombre de la question incessante sur l'être et sur son action ? Le but de la philosophie se rend lisible : on observe, on s'étonne, on s'émerveille et on questionne. La philosophie est une purification de l'ignorance, une ascèse. Comprendre pour appréhender, mais questionner pour agir ensuite. Prendre conscience est le premier pas vers la connaissance.
*(Coll. Pensée Africaine, 25.00 euros, 244 p.)*
*ISBN : 978-2-336-00514-0, ISBN EBOOK : 978-2-296-51236-8*

**MÉMOIRES ET IDENTITÉS**
**Rencontres et discussions entre Pascale Weber et Alain Berthoz, Daniel Lance, Alain Milon, Pascale Piolino, Bo Sanitioso**
**Regards croisés entre l'art contemporain, les sciences cognitives, les sciences de la communication, la psychologie sociale, la philosophie et la littérature**
*Weber Pascale*
En art numérique, le dispositif immersif «Immémorial» de Pascale Weber cherche - en reproduisant, en évoquant, en simulant des souvenirs et des émotions - à nous inviter à appréhender le monde à plusieurs : peut-on se souvenir et penser hors de son corps, à partir d'autres corps, à partir d'un corps commun ? En se tournant vers des scientifiques, des neurocognitiens, des sociopsychologues et des philosophes, Pascale Weber tisse des liens entre recherches artistiques et d'autres domaines de la connaissance.
*(19.00 euros, 190 p.)*
*ISBN : 978-2-336-00647-5, ISBN EBOOK : 978-2-296-51222-1*

**L'HARMATTAN ITALIA**
Via Degli Artisti 15; 10124 Torino

**L'HARMATTAN HONGRIE**
Könyvesbolt ; Kossuth L. u. 14-16
1053 Budapest

**L'HARMATTAN KINSHASA**
185, avenue Nyangwe
Commune de Lingwala
Kinshasa, R.D. Congo
(00243) 998697603 ou (00243) 999229662

**L'HARMATTAN CONGO**
67, av. E. P. Lumumba
Bât. – Congo Pharmacie (Bib. Nat.)
BP2874 Brazzaville
harmattan.congo@yahoo.fr

**L'HARMATTAN GUINÉE**
Almamya Rue KA 028, en face du restaurant Le Cèdre
OKB agency BP 3470 Conakry
(00224) 60 20 85 08
harmattanguinee@yahoo.fr

**L'HARMATTAN CAMEROUN**
BP 11486
Face à la SNI, immeuble Don Bosco
Yaoundé
(00237) 99 76 61 66
harmattancam@yahoo.fr

**L'HARMATTAN CÔTE D'IVOIRE**
Résidence Karl / cité des arts
Abidjan-Cocody 03 BP 1588 Abidjan 03
(00225) 05 77 87 31
etien_nda@yahoo.fr

**L'HARMATTAN MAURITANIE**
Espace El Kettab du livre francophone
N° 472 avenue du Palais des Congrès
BP 316 Nouakchott
(00222) 63 25 980

**L'HARMATTAN SÉNÉGAL**
« Villa Rose », rue de Diourbel X G, Point E
BP 45034 Dakar FANN
(00221) 33 825 98 58 / 77 242 25 08
senharmattan@gmail.com

**L'HARMATTAN TOGO**
1771, Bd du 13 janvier
BP 414 Lomé
Tél : 00 228 2201792
gerry@taama.net

549786 - Décembre 2013
Achevé d'imprimer par

1livre.com
du rêve à la réalité !